Sophie Schönberger

Was soll zurück?

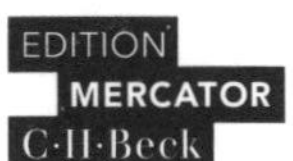

Sophie Schönberger

Was soll zurück?

Die Restitution von Kulturgütern
im Zeitalter der Nostalgie

C.H.Beck

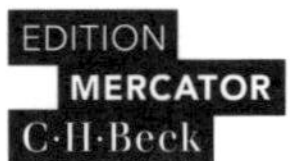

Mit 24 Abbildungen

www.chbeck.de
Umschlagkonzept: Hanna Kronberg, GROOTHUIS,
Gesellschaft der Ideen und Passionen mbH für Kommunikation
und Medien, Marketing und Gestaltung. www.groothuis.de
Umschlagabbildung: Rückseite des Bildes «Stilleben mit Hase»
von Philipp Sauerland, 1714, Hamburger Kunsthalle,

Satz: C.H.Beck.Media.Solutions, Nördlingen
Druck und Bindung: Druckerei C.H.Beck, Nördlingen
Gedruckt auf säurefreiem und alterungsbeständigem Papier
Printed in Germany
ISBN 978 3406 77687 8

myclimate

klimaneutral produziert
www.chbeck.de/nachhaltig

Inhalt

I.
Von Bildern, Bibeln, Burgen: Dinge, die zurücksollen

«Die Vergangenheit ist nicht tot», so hat es William Faulkner formuliert. «Sie ist nicht einmal vergangen.»[1] Diese untote Vergangenheit ist allgegenwärtig. Sie verfolgt uns.

Ganz selbstverständlich erscheint uns das in unseren eigenen Biographien, unserem eigenen individuellen Erleben der Welt, das sich nie ganz von unserer Vergangenheit befreien kann. Aber auch auf der kollektiven Ebene als Gemeinschaft sind wir in unsere Vergangenheit verstrickt – und zwar in zunehmendem Maße. Schon vor 15 Jahren konstatierte Hermann Lübbe, dass es noch niemals eine Zivilisationsepoche gegeben habe, die so sehr vergangenheitsbezogen gewesen wäre wie unsere eigene, oder anders ausgedrückt: Keine Zivilisationsepoche zuvor habe solche Anstrengungen intellektueller, auch materieller Art unternommen, um Vergangenes gegenwärtig zu halten.[2]

Aber was ist das für eine Vergangenheit, auf die wir in dieser Form individuell wie kollektiv so intensiv bezogen sind? Und was ist das für ein Versuch, die Vergangenheit, die nicht vergangen ist, in der Gegenwart festzuhalten? Klar ist zunächst, dass es sich bei dieser Art von Vergangenheitsbezug nicht einfach um eine besondere Form der Historizität oder eine Spielart der Geschichtswissenschaft handelt. Die Vergangenheit, um die es hier geht, ist keine wissenschaftlich erforschte Geschichte, um deren möglichst akkurate Darstellung heute gestritten wird.[3] Es handelt sich vielmehr um eine Vergangenheit, die aus der Gegenwart, aus dem Rückblick konstruiert wird. Sie soll das Gegenwärtige erklären und ihm in gewisser Weise Sinn verleihen. Dabei geht es daher nicht mehr nur im Faulkner'schen Sinne um eine Vergangenheit, die nicht vergangen ist, oder um eine Vergangenheit, die nicht vergeht. Ganz im Gegenteil: Das Festhalten an ihr, ihre überwältigende Präsenz in der Gegenwart, macht sie zu einer Vergangenheit, die nicht vergehen soll.

Seit einigen Jahren ist die Rückgabe von Kulturgütern zu einem zentralen Instrument geworden, um einen Umgang mit einer Vergangenheit zu finden, die voller Unrecht ist. Die damit verbundene Schuld scheint nicht nur der Geschichte als solcher oder den damaligen Tätern und ihren heutigen Nachfahren, sondern auch ganz konkreten Objekten anzuhaften. Wurden sie geraubt, den Opfern abgepresst oder von ihnen auf andere Weise verloren, so geht ein wachsender kultureller Konsens davon aus, dass sie heute, auch viele Jahrzehnte nach dem Verlust, an ihre ursprünglichen Besitzer herauszugeben sind – oder vielmehr an deren heute noch lebenden Nachkommen.

Welche Parameter, Schwierigkeiten, aber auch Chancen diesen Prozess kennzeichnen, soll in diesem Essay anhand von drei Beispielen erläutert werden, die in Deutschland die Diskussion in unterschiedlicher Form prägen. Die Erfahrungen mit der Restitution von NS-Raubkunst begleiten die aktuellen Debatten dabei mittlerweile schon seit über zwanzig Jahren. Vergleichsweise neu ist demgegenüber die verstärkte Diskussion über die Restitution von kolonialen Objekten, die in vielerlei Hinsicht auf diesen Erfahrungen aufbaut, sich gleichzeitig aber auch in wesentlichen Punkten von ihr unterscheidet. In gewisser Weise quer hierzu stehen die in jüngerer Zeit erhobenen Forderungen des ehemaligen preußischen Königs- und deutschen Kaiserhauses auf die Rückgabe verschiedenster Objekte aus dem ehemaligen monarchischen Besitz. Gerade deshalb legt ihre Analyse allerdings vieles frei, was den gesellschaftlichen Prozess des Zurückgebens im Moment insgesamt prägt.

NS-Raubkunst und das Ende des Kalten Kriegs

In gewisser Weise begann alles am 7. Januar 1998. An diesem Tag ließ der New Yorker Staatsanwalt Robert Morgenthau im Museum of Modern Art das «Bildnis Walburga Neuzil», kurz: Wally, von Egon Schiele als Diebesgut beschlagnahmen. Die ursprüngliche Eigentümerin des Werks, die in Wien ansässige Kunsthändlerin Lea Bondi-Jaray, hatte das Bild im Jahr 1938 aufgrund der rassischen Verfolgung, der sie als Jüdin ausgesetzt war, verloren.[4] Auf verschlungenen Wegen gelangte es Mitte der 1990er Jahre in die Privatstiftung des «Museum Leopold» in Wien, das es für eine große Egon-Schiele-Retrospektive nach New York verlieh. Nach Ende der Ausstellung setzten die Erben der einstigen Eigentümerin die Beschlagnahme durch. Es folgte ein jahrelanger Rechtsstreit in den USA, an dessen Ende ein Vergleich stand. Gegen Zahlung von 20 Millionen Dollar erhielt die Wiener Stiftung das Gemälde zurück.

Dieser spektakuläre Fall bildete den Anfang einer noch andauernden Entwicklung, in der das Thema der sogenannten NS-Raubkunst in vielen Teilen der Welt Politiker, Museen, Auktionshäuser und Kunstdetektive in Atem hält. Seitdem sich Ende des Jahres 1998 Regierungsvertreter aus 44 Ländern, darunter auch Deutschland, im Rahmen der «Washington Conference on Holocaust-Era Assets» auf die sogenannten Washingtoner Prinzipien verständigten und damit übereinkamen, 50 Jahre nach Ende des Nationalsozialismus endgültig nach «fairen und gerechten Lösungen» für die Restitution der sogenannten NS-Raub-

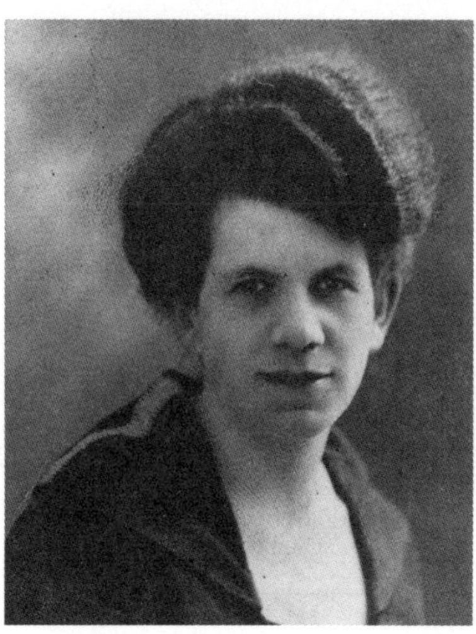

Lea Bondi-Jaray (1880–1969), Datum der Aufnahme unbekannt

kunst zu suchen, ist das Thema der Restitution aus dem öffentlichen Diskurs praktisch nicht mehr verschwunden.

Dabei stand die Restitution von Kunst zunächst eigentlich eher am Ende einer Entwicklung, die in den 1990er Jahren begann. Angestoßen wurde sie durch den Fall des Eisernen Vorhangs und die damit verbundene Öffnung der Archive in Europa. Durch diesen neuen Zugang zu alten Informationen geriet zunehmend die Tatsache in den Blick, dass nach dem Ende des Zweiten Weltkriegs eine Wiedergutmachungspolitik in Bezug auf die Länder des ehemaligen Ostblocks weitestgehend ausgeblieben war. Diese Erkenntnis führte dazu, dass der auf dem Unrecht des Nationalsozialismus beruhende Teil der internationalen Vermögensordnung noch einmal völlig neu hinterfragt wurde. Zunächst waren es dabei allerdings die sogenannten nachrichtenlosen Konten bei Schweizer Banken, die in den Fokus der Öffentlichkeit und der internationalen Verhandlungen rückten, gefolgt von Diskussionen um das sogenannte Raubgold,

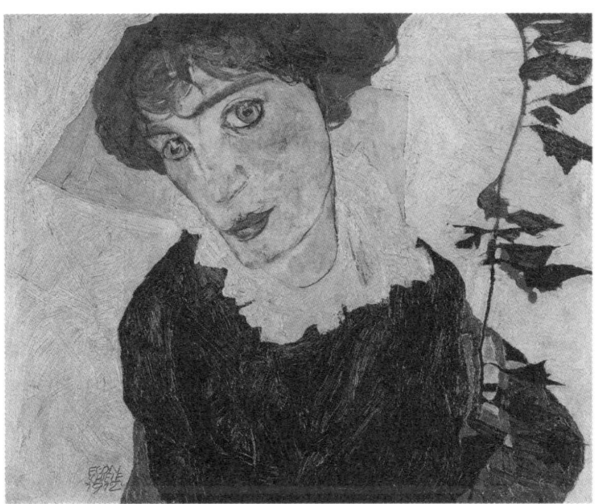

Egon Schiele, Bildnis Walburga Neuzil (Wally), 1912

nachrichtenlose Versicherungspolicen sowie schließlich die Entschädigung von Zwangsarbeitern.[5] Die Kunstwerke, über deren Restitution auch zwanzig Jahre später noch intensiv gestritten wird und die die einzigen dinglichen Objekte in diesem Entschädigungsdiskurs darstellten, traten erst vergleichsweise spät zu diesem Verhandlungsraum hinzu. Maßgeblich beeinflusst wurde die Diskussion dabei durch zwei populärwissenschaftliche Bücher zum NS-Kunstraub, die Mitte der 1990er Jahre erschienen und das Thema einer breiteren Öffentlichkeit zugänglich machten.[6] Mit dem Hollywood-Spielfilm «Die Frau in Gold», der mit Helen Mirren in der Hauptrolle die Geschichte der Restitution des Klimt-Gemäldes «Bildnis Adele Bloch-Bauer I» frei nacherzählt, erreichte das Thema im Jahr 2015 seinen vorläufigen popkulturellen Aufmerksamkeitshöhepunkt.[7]

Trotz dieser verzögerten Berücksichtigung im Wiedergutmachungsdiskurs der 1990er Jahre ist die Frage der Restitution von NS-Raubkunst diejenige, die die Diskussion der letzten

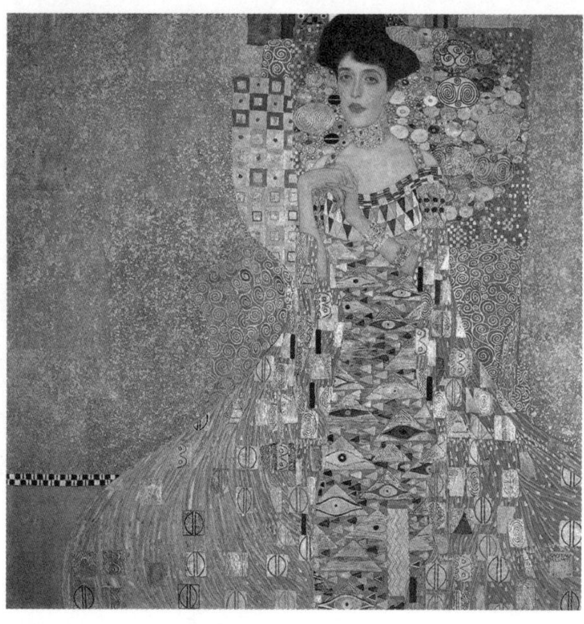

Gustav Klimt, Adele Bloch-Bauer I, 1907

20 Jahre am nachhaltigsten geprägt hat. Gerade wenn man die Bearbeitung des Themas in Deutschland betrachtet, stellt man jedoch fest, dass die politische Umsetzung und die damit verbundene Diskussion alles andere als linear verliefen. Denn im Wesentlichen passierte hier in den ersten Jahren zunächst einmal: nichts. Insbesondere die Öffentlichkeit nahm von den Ergebnissen der Washingtoner Konferenz kaum Notiz. Auf politischer Ebene einigte man sich zwar schon im Jahr 1999 auf eine «Gemeinsame Erklärung», d.h. eine «Erklärung der Bundesregierung, der Länder und der kommunalen Spitzenverbände zur Auffindung und zur Rückgabe NS-verfolgungsbedingt entzogenen Kulturgutes, insbesondere aus jüdischem Besitz».[8] Diese Verlautbarung, die sich vor allen Dingen an staatlich unterhaltene Archive, Museen und Bibliotheken richtete und in der Sa-

che eher Fragen der Provenienzforschung als solche der Rückgabe thematisierte, blieb allerdings im Wesentlichen ohne öffentliche Resonanz. Wie so oft im deutschen Kulturföderalismus verlor sich das Thema daher zunächst ein wenig in einem kompetenziellen Bermuda-Dreieck zwischen Bund, Ländern und Kommunen. Vermutlich ist es auch so zu erklären, dass es annähernd fünf Jahre dauerte, bis die sogenannte Limbach-Kommission ins Leben gerufen wurde, die als Schiedseinrichtung speziell der Rückerstattung von NS-Raubkunst im Sinne der Washingtoner Prinzipien dient und so die in der Erklärung enthaltene Empfehlung zur Einrichtung alternativer Streitbeilegungsinstanzen umsetzt.[9]

Zu einer breiteren Debatte des Themas kam es erst ab dem Jahr 2006, als der damalige rot-rote Berliner Senat sich entschied, das Gemälde «Berliner Straßenszene» von Ernst Ludwig Kirchner aus dem Brücke-Museum an die Erbin der früheren Eigentümer zu restituieren. Diese Rückgabeentscheidung war in der Öffentlichkeit zum Teil äußerst scharfer Kritik ausgesetzt. Grund dafür waren die immer wieder geäußerten Zweifel, ob der Verkauf des Bildes im Jahr 1936 durch die jüdischen Eigentümer tatsächlich aufgrund des Drucks der rassischen Verfolgung durch die Nationalsozialisten erfolgt war. Das Berliner Abgeordnetenhaus setzte einen Untersuchungsausschuss zu dem Thema ein, der Brücke-Museum-Förderverein stellte gegen mehrere der verantwortlichen Politiker Strafanzeigen wegen Untreue und in der Frankfurter Allgemeinen Zeitung bediente sich ein Gastbeitrag mit dem Titel «Sie sagen Holocaust und meinen Geld» offen antisemitischer Klischees, um die Rückgabe zu diskreditieren. Im Rahmen dieser Debatte erreichte das Thema auch erstmals den Deutschen Bundestag. Nachdem er die Problematik zunächst jahrelang allein dem Alltagsgeschäft der Regierung überlassen hatte, wurden nun aus seiner Mitte jedenfalls vereinzelte

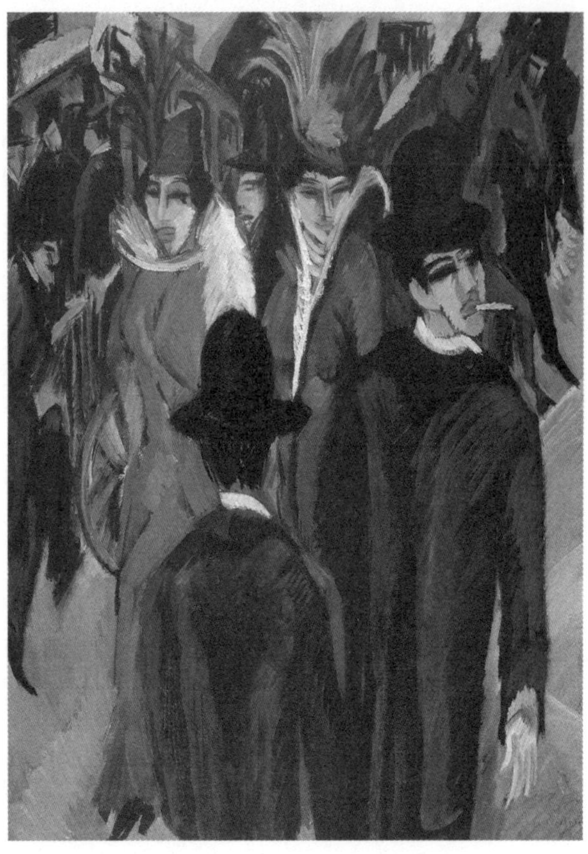

Ernst Ludwig Kirchner, Berliner Straßenszene, 1913

parlamentarische Anfragen zu diesem Thema gestellt. Es ist sicherlich kein Zufall, dass diese Phase der Schweigsamkeit des Parlaments genau in die Jahre fällt, in denen die Restitutionspolitik in den Händen einer rot-grünen Bundesregierung lag. Denn die schwarz-gelbe Opposition, der die parlamentarische Kontrolle und auch die parlamentarische Sichtbarmachung des Regierungshandelns oblegen hätte, zeigte sich zu diesem Zeitpunkt dem Thema gegenüber noch relativ reserviert. Doch auch nach dem Regierungswechsel im Jahr 2005 blieb der Bundestag erstaunlich still – und ist es bis heute. Selbst nach dem sogenannten Schwabinger Kunstfund, der den Umgang der deutschen Behörden mit NS-Raubkunst noch einmal massiv in die Öffentlichkeit brachte und heftiger internationaler Kritik aussetzte, gingen vom Parlament letztlich keine wesentlichen Impulse aus.[10]

Die öffentliche Debatte hingegen hat sich mittlerweile im Vergleich zur Diskussion um das Kirchner-Gemälde deutlich gewandelt. Derart kritische Töne, wie sie im Jahr 2006 geäußert wurden, sind heute, 15 Jahre später, im gesellschaftlich akzeptierten Diskurs kaum mehr vorstellbar. Die Restitution von NS-Raubkunst ist vielmehr zu etwas Selbstverständlichem geworden, das in der Sache praktisch nicht mehr in Frage gestellt wird. Lediglich an den Modalitäten und den eingesetzten Ressourcen entfacht sich immer wieder einmal politischer Streit – allerdings ohne in substantielle gesellschaftliche Kontroversen umzuschlagen. In dieser nunmehr weitgehend konsentierten Form ist sie deshalb auch geradezu zur Schablone für alle weiteren Diskurse um die Rückgabe von Kulturgütern zur Wiedergutmachung vergangenen Unrechts geworden – allen voran für die Debatte um die Restitution von Kulturgütern aus kolonialem Kontext.

Postcolonial turn: Kulturgüter aus kolonialem Kontext

Zum ersten Mal wurde die Frage, inwiefern solche Kulturgüter aus kolonialem Unrechtskontext an ihre Herkunftsstaaten zurückgegeben werden sollen, in den 1960er und 1970er Jahren thematisiert, als der Prozess der Dekolonialisierung langsam global abgeschlossen war.[11] Vor allem die «newly independent states», die jungen, gerade aus der Kolonialherrschaft entlassenen Staaten, machten sich auf internationaler Ebene dafür stark, die aus ihrem Gebiet verbrachten kulturellen Objekte zurückzuerhalten, die sich häufig in den sogenannten Völkerkundemuseen Westeuropas befanden.[12] Intellektuell begleitet wurden diese Forderungen von der in der zweiten Hälfte des 20. Jahrhunderts aufkommenden Debatte um den Postkolonialismus, die, ausgehend von den Literaturwissenschaften, zunehmend die Kulturwissenschaften zu beeinflussen begann. Auf politischer Ebene wurde der Prozess maßgeblich durch die UNESCO vorangetrieben. Sie stellte einen Resonanzraum dafür bereit, dass die von der Kolonialisierung befreiten Staaten ihre Rückgabeforderungen auch in völkerrechtliche Entwürfe fassen konnten. Letztendlich blieben diese Bestrebungen seinerzeit jedoch im Wesentlichen ergebnislos.

Erst Jahrzehnte später sollte sich diese Debatte wieder intensivieren. Aufbauend auf einer über die Zeit weiter gewachsenen wissenschaftlichen Beschäftigung der «postcolonial studies» mit dem kolonialistischen Erbe in den westlichen Gesellschaften wurde die Diskussion in Deutschland dabei insbesondere durch die Konzeption des neuen Humboldt Forums geprägt, das im wiederaufgebauten Stadtschloss der Hohenzollern in Berlins Mitte nun vor allen Dingen die Bestände der zuvor eher am Stadtrand gelegenen Ethnologischen Museen ausstellen will. Waren diese ethnologischen Sammlungen zuvor sowohl von Besuchern als auch von Aktivisten größtenteils unbeachtet geblieben, drängte die Frage nach der Herkunft ihrer Bestände und möglichen Rückgaben an die jeweiligen Ursprungsstaaten mit dem geplanten Umzug in das Stadtzentrum auch in das Zentrum des politischen Diskurses in Berlin und darüber hinaus.

Auf internationaler Ebene erhielt diese Diskussion einen politischen Schub durch eine Rede, die der französische Präsident

Emmanuel Macron Ende des Jahres 2017 an der Universität von Ouagadougou in Burkina Faso hielt. Er könne nicht akzeptieren, so Macron, dass ein Großteil des kulturellen Erbes mehrerer afrikanischer Länder sich in Frankreich befinde. Es gebe zwar historische Erklärungen, aber keine vernünftigen Rechtfertigungen für diesen Zustand. Er wolle, dass in fünf Jahren die Bedingungen dafür geschaffen seien, das afrikanische Kulturerbe zeitweise oder endgültig an seine afrikanischen Ursprungsländer zu restituieren.[13] Zur Durchsetzung dieser Forderung setzte Macron ein Forscherduo als Expertengremium ein, das ihm im Jahr 2019 einen Bericht zur Frage der Restitution vorlegte.[14] Zwar sind dieser Ankündigung auch in Frankreich bisher kaum konkrete Schritte gefolgt. Die Signalwirkung, die von diesem französischen Appell ausging, war allerdings beträchtlich. Das liegt nicht nur an der Deutlichkeit, mit der sich der französische Präsident zum Gedanken der Restitution bekannte. Entscheidend ist vielmehr auch, dass – anders als für die Rückgabe von NS-Raubkunst – für die Restitution kolonialer Objekte bisher keinerlei internationale Standards existieren. Dass gerade Frankreich als ehemalige Kolonialmacht sich nun für eine Rückgabe von Kulturgütern nach Afrika aussprach und dieses Vorhaben mit der vollen institutionellen Autorität des Präsidenten versah, verlieh dem Ansinnen auch international besonderen Nachdruck.

In Deutschland fehlt es bisher hingegen an einem solchen starken politischen Signal – nicht zuletzt auch hier wiederum, weil das Thema in den institutionellen Wirrungen des deutschen Kulturföderalismus verloren zu gehen droht. Der gemeinsame Namensbeitrag von Kulturstaatsministerin Monika Grütters und der Staatsministerin im Auswärtigen Amt für Internationale Kulturpolitik, Michelle Müntefering, der zu diesem Thema Ende des Jahres 2018 in der Frankfurter Allgemeinen Zeitung erschien und eher vage und sehr allgemein für einen reflektierten und transparenten Umgang mit dem kolonialen Erbe wirbt,[15] erscheint insofern eher als kleine Münze des großen politischen Wurfs. Nichts Anderes gilt für die «Ersten Eckpunkte zum Umgang mit Sammlungsgut aus kolonialen Kontexten», auf die sich die beiden Staatsministerinnen mit der Kulturministerkonferenz und den kommunalen Spitzenverbänden im Frühjahr 2019 einigten und in denen die «generelle Bereitschaft zur Rückführung von Sammlungsgut aus kolonialen Kontexten, insbesondere von menschlichen Überresten, in die Herkunftsstaaten und Herkunftsgesellschaften» zum Ausdruck gebracht wird.[16] Wie auch bei der Restitution von NS-Raubkunst wurde diese Diskussion bisher weitestgehend am Gesetzgeber vorbei geführt und wird, wenn überhaupt, dann im Wesentlichen auf administrativer Ebene bearbeitet.

Auch ohne klare Regelungen durch internationale Standards oder gesetzgeberische Entscheidungen ist es aber in den letzten Jahren vereinzelt immer wieder doch zu Restitutionen kolonialer Objekte gekommen.[17] Prominente Beispiele aus dem Jahr 2019 sind etwa die Restitution einer Peitsche und der Familienbibel aus dem Besitz des Nama-Anführers Hendrik Witbooi aus dem Stuttgarter Linden-Museum sowie der Entschluss des Deutschen Historischen Museums, die Wappensäule von Cape Cross[18] zurückzugeben. Alle drei Artefakte wurden an den namibischen Staat herausgegeben. In der öffentlichen Debatte sind solche Restitutionen – anders insofern als mittlerweile die Rückgabe von NS-Raubkunst – allerdings keineswegs unumstritten. Immer wieder wird das Argument angeführt, die Museen in den afrikanischen Herkunftsländern würden nicht über die technische Ausstattung verfügen, um die restituierten Kulturobjekte sachgerecht aufzubewahren – schon deshalb müsse im Interesse des Kulturerbes auf eine Rückgabe verzichtet werden.[19] Namentlich der Kunsthistoriker und Co-Gründungsintendant des Humboldt

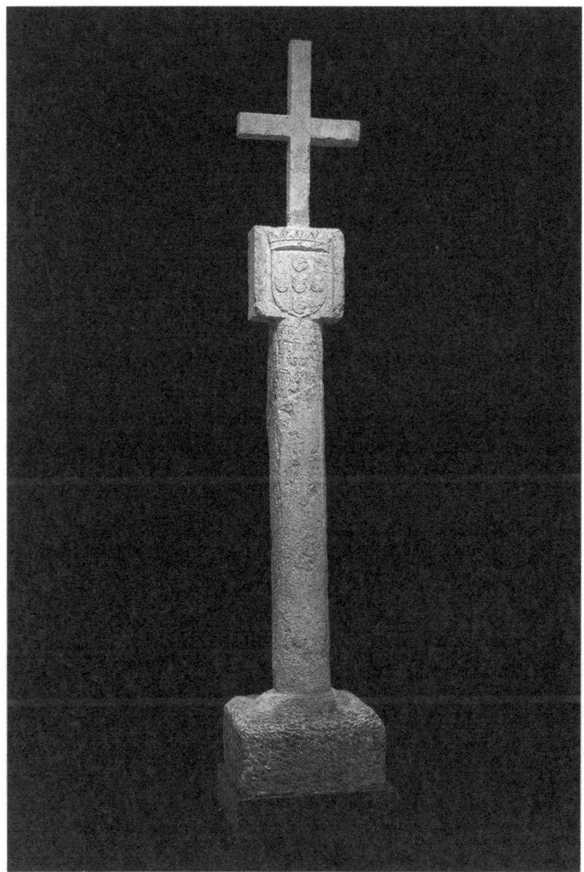

Wappensäule von Cape Cross

Forums Horst Bredekamp positionierte sich darüber hinaus in Reaktion auf den französischen Expertenbericht zur Restitution dahingehend, dass in Deutschland entsprechende Überlegungen schon deshalb differenzierter betrachtet werden müssten, weil viele der Sammlungen der großen deutschen ethnologischen Museen in einem aufklärerischen Geist entstanden seien, der koloniale Bestrebungen ablehnte.[20]

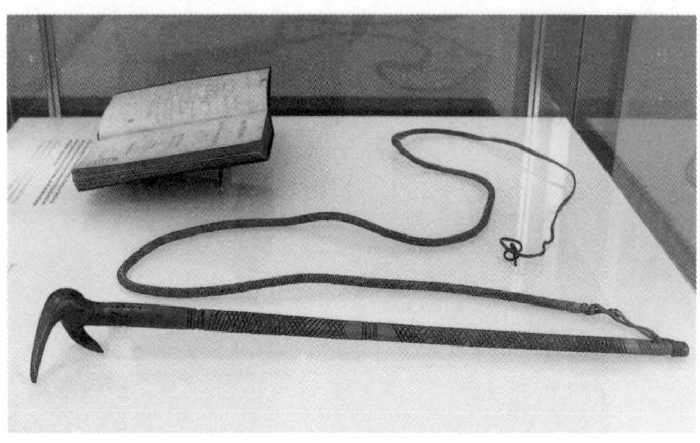

Bibel und Peitsche von Henrik Witbooi im Stuttgarter Linden-Museum

Hinzu tritt ein weiteres Problem: Anders als bei der NS-Raubkunst, bei der im Grundsatz völlig klar ist, dass richtiger Adressat der Rückgabe immer die individuellen Erben des vormaligen Eigentümers sind,[21] stellt sich die Lage in Bezug auf die Restitution kolonialer Objekte deutlich komplexer dar. Denn in den meisten Fällen geht es hier gerade nicht um die Rückgabe an konkrete einzelne Opfer bzw. ihre Nachkommen. Vielmehr stehen hier die Gemeinschaften, die der kolonialen Gewalt unterworfen waren, als mögliche Restitutionsempfänger im Vordergrund. Diese Gemeinschaften müssen allerdings nicht immer identisch sein mit den nach der Kolonisierung neu gegründeten Nationalstaaten, mit denen die Rückgabeverhandlungen heute geführt werden. Dieses Auseinanderfallen von betroffenen Gemeinschaften und Nationalstaaten kann insbesondere dann zu großen Konflikten führen, wenn sich einzelne Volksgruppen innerhalb eines Staates nicht von der Zentralregierung repräsentiert fühlen und so die Restitution kolonialer Objekte in die Kampflinien innerstaatlicher Auseinandersetzungen gerät.

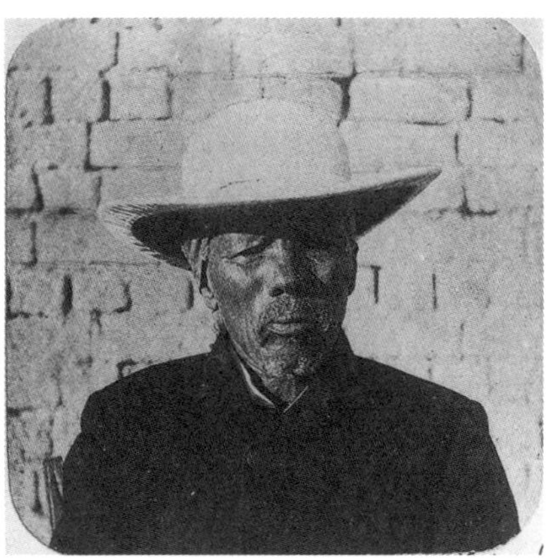

Hendrik Witbooi (1830–1905), Aufnahme um 1892/94

Ein anschauliches Beispiel für diese Problematik bietet die Rückgabe der Witbooi-Objekte an die namibische Regierung. In ihr spiegelte sich exemplarisch der gesamte innerstaatliche Konflikt zwischen der Zentralregierung und der Volksgruppe der Nama in Namibia wider. Denn bei den Gegenständen aus dem persönlichen Besitz des Nationalhelden und Nama-Anführers Henrik Witbooi existierten im Grundsatz drei mögliche Anknüpfungspunkte, an wen die Objekte hätten herausgegeben werden können. Zum einen war eine zwischenstaatliche Lösung denkbar, bei der eine Rückgabe an den namibischen Staat erfolgte. Zum anderen hätte man die Restitution aber auch individueller denken und die direkten Nachfahren Witboois begünstigen können. Schließlich kam als dritte Möglichkeit eine Rückgabe an die Gemeinschaft der Nama in Betracht. Da im konkreten Fall die direkten Nachkommen von Hendrik Witbooi im Wesentlichen mit der namibischen Regierung kooperierten und eine Rückgabe an diese befürworteten, konnte der Gegensatz zwischen den ersten beiden Handlungsalternativen schnell ausgeräumt werden. Offen blieb jedoch der Konflikt mit der Volksgruppe der Nama und ihren organisierten Vertretern. Die Nama Traditional Leaders Association, ein von traditionellen Nama-Anführern gebildeter Verband, nahm für sich in Anspruch, der eigentliche Nachfolger Hendrik Witboois zu sein. Nur der Verband war daher seiner eigenen Ansicht nach auch berechtigt, die Objekte aus Deutschland entgegenzunehmen. Da jegliche rechtliche Regelung für die Rückgabe fehlte, musste das Land Baden-Württemberg nun politisch entscheiden, an wen es die Artefakte herausgeben wollte. Es beschloss im Ergebnis, klassischen völkerrechtlichen Gepflogenheiten zu folgen und nur die namibische Regierung als unmittelbaren Ansprech- und Rückgabepartner zu akzeptieren.[22] Der Nama-Verband versuchte daraufhin vor Gericht, die Herausgabe an die Republik Namibia zu verhindern, scheiterte aber nicht zuletzt an formalen Hürden.[23]

Zwischen Monarchie und Republik: Die Kulturgüter der Hohenzollern

Dass es gerade das Humboldt Forum im wiederaufgebauten Berliner Hohenzollern-Schloss war, das die Debatte um die Rückgabe kolonialer Objekte in Deutschland wieder in den Fokus der Öffentlichkeit gerückt hat, stellt schließlich eine überraschende Verbindung her zum dritten Beispiel, bei dem aktuell über das Zurückgeben diskutiert wird – mit einer ähnlichen Fixierung auf die Vergangenheit und gleichzeitig doch unter sehr anderen Vorzeichen. Seit einigen Jahren führt Georg Friedrich Prinz von Preußen, Ururenkel des letzten deutschen Kaisers und selbsternanntes «Oberhaupt des Hauses Hohenzollern», Verhandlungen mit dem Bund und den Ländern Berlin und Brandenburg über den Verbleib verschiedener Kulturgüter. Den Hintergrund dieser Gespräche bildet u.a. ein Entschädigungsverfahren, das noch sein Großvater, Louis Ferdinand Prinz von Preußen, in den 1990er Jahren angestrengt hat. Der Sache nach geht es dabei um Grundbesitz sowie andere Gegenstände, die zwischen 1945 und 1949 in der sowjetisch besetzten Zone, der späteren DDR, im Rahmen der sogenannten Bodenreform enteignet worden waren.

Im Prozess der Wiedervereinigung, als die sogenannten «offenen Vermögensfragen» einer Lösung zugeführt werden sollten, entschied man sich, die Enteignungen und Sozialisierungen, die in der DDR stattgefunden hatten, grundsätzlich rückgängig zu machen, die Enteignungen im Rahmen der Bodenreform hingegen weitestgehend unangetastet zu lassen. Soweit diese Maßnahmen Grundstücke und Immobilien betrafen, wurde lediglich später durch das Ausgleichsleistungsgesetz ein Anspruch auf Entschädigungszahlungen geschaffen. Nur das ehemalige Inventar der Immobilien sollte, sofern es noch auffindbar war, in natura zurückgegeben werden. Darüber hinaus erhielt das Gesetz noch eine weitere Einschränkung: Der Anspruch ist unter anderem dann ausgeschlossen, wenn derjenige, zu dessen Lasten die Enteignung erfolgt war, dem nationalsozialistischen System «erheblichen Vorschub» geleistet hatte.[24]

Über die verschiedenen von den Hohenzollern gestellten Anträge ist bis heute in den meisten Fällen nicht entschieden. Lediglich für die in Brandenburg gelegenen Immobilien wurde bisher ein verbindlicher Bescheid erlassen, der die geltend gemachten Ansprüche zurückwies. Der Anspruch sei ausgeschlossen, weil Wilhelm Prinz von Preußen, der seinerzeit durch die sowjetische Besatzungsmacht enteignet wurde, dem Nationalsozialismus erheblichen Vorschub geleistet habe.[25] Über die daraufhin beim Verwaltungsgericht Potsdam erhobene Klage ist bis heute nicht entschieden. Aufgrund der andauernden politischen

Gespräche ruht das Verfahren. Über eine Fortsetzung wird frühestens im Herbst 2021 entschieden.

Die Vergleichsverhandlungen mit dem Bund und den beteiligten Ländern laufen jedenfalls bisher theoretisch weiter, auch wenn sie politisch sehr ins Stocken geraten sind und zunehmend ungewiss ist, ob sie tatsächlich fortgeführt werden. In der Sache erhofft man sich wohl, eine Streitbeilegung durch Gerichtsurteil verhindern zu können. Immer wieder wird betont, wie vorteilhaft eine einvernehmliche Lösung gegenüber einer richterlichen Entscheidung sei. Jedenfalls im Hinblick auf die Ansprüche nach dem Ausgleichsleistungsgesetz wäre es allerdings für die Gerichte mit keinen besonderen Schwierigkeiten verbunden, eine solche Entscheidung zu treffen. Die einzig strittige Frage ist nämlich die, wie das Verhältnis des letzten deutschen Kronprinzen zum Nationalsozialismus war. Hatte er dem Nationalsozialismus seinerzeit «erheblichen Vorschub geleistet»? Die Fakten dazu liegen auf dem Tisch. Beide Seiten des laufenden Streits stützen sich zwar auf Fachgutachten renommierter Historiker, die zu unterschiedlichen Ergebnissen kommen. Diese Unterschiede betreffen aber nicht die historischen Ereignisse selbst, sondern lediglich die Bewertung ihrer Bedeutung.[26] Im Falle eines Urteils müsste ein Gericht diese historische Bewertung nach juristischen Maßstäben verbindlich festsetzen. Einer solchen Entscheidung, mit der ein wesentlicher Teil der deutschen Geschichte durch die Verwaltungsgerichte verbindlich gedeutet würde, wollen sich einige der Beteiligten wohl nicht aussetzen.

Allerdings haben die vertraulichen Gespräche nicht allein diese Ansprüche nach dem Ausgleichsleistungsgesetz zum Gegenstand. Worüber genau verhandelt wird bzw. wurde, ist der Öffentlichkeit jedoch nur ausschnittweise bekannt. Neben dem Gegenstand des laufenden Gerichtsverfahrens, also den Enteig-

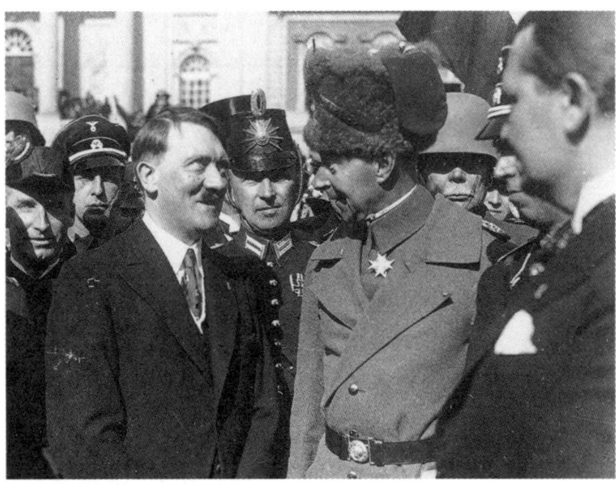

Wilhelm Prinz von Preußen mit Adolf Hitler am «Tag von Potsdam», 21. März 1933

nungen in der sowjetisch besetzten Zone zwischen den Jahren 1945 und 1949, spielen auch eine Vielzahl von Leihgaben in öffentlichen Museen eine Rolle. Hinzu kommen grundsätzliche Fragen der Vermögensauseinandersetzung zwischen Staat und ehemaligem regierenden Königshaus nach dem Ende der Monarchie, denn auch über den entsprechenden Vertrag zwischen dem Preußischen Staat und den Mitgliedern des vormals regierenden Preußischen Königshauses aus dem Jahr 1926[27] wird bzw. wurde verhandelt – mehr als 100 Jahre nach dem Ende der Monarchie.[28] Hintergrund dieses historischen Vertrags war der Umstand, dass nach der Revolution von 1918 die Besitztümer der regierenden deutschen Königs- und Fürstenhäuser aufgeteilt werden mussten in dasjenige, was der Familie als privates Eigentum zustand, und das, was der ehemalige Herrscher nur in seiner Rolle als Staatsoberhaupt besessen hatte und deshalb nun dem republikanischen Staat gehörte. Diese Unterscheidung zwischen Staatsvermögen und königlichem Privatvermögen war zwar auch der Verfassungsordnung der Monarchie nicht völlig fremd gewesen, in gewisser Weise aber nur unvollständig verwirklicht worden.[29] Erst durch die nachträgliche Vermögensauseinandersetzung in der Weimarer Republik musste diese Grenze nun trennscharf gezogen werden. Die entsprechenden Auseinandersetzungen, die in Deutschland nicht nur den abgedankten deutschen Kaiser und preußischen König, sondern auch alle anderen ehemaligen Landesherren betrafen, nahmen viele Jahre in Anspruch und endeten, gerade auch in Preußen, mit Regelungen, die relativ großzügig zugunsten der ehemaligen regierenden Häuser ausfielen.[30] Nicht zuletzt die in der Weimarer Republik immer noch stark verbreiteten monarchistischen Loyalitäten vor allem im konservativen politischen Spektrum hatten zu diesem vermittelnden Weg geführt, der sich etwa radikal von der seinerzeitigen konsequent republikanischen Lösung in Österreich unterschied.

Dass trotz dieser großzügigen Regelung heute nun die Ergebnisse der seinerzeitigen Einigung durch die Hohenzollern auf den Prüfstand gestellt werden, wird besonders deutlich an einer Forderung, die im Rahmen der Verhandlungen als mögliches Entgegenkommen der öffentlichen Hand genannt wurde: ein Wohnrecht auf Schloss Cecilienhof für Georg Friedrich Prinz von Preußen (und möglicherweise auch für seine Nachkommen). Ein solches lebenslanges Wohnrecht hatte der Vertrag von 1926 tatsächlich vorgesehen. Allerdings war dieses ausdrücklich beschränkt auf den ehemaligen Kronprinzen sowie dessen Kinder und Enkelkinder.[31] Die Generation der Urenkel, der das jetzige «Oberhaupt des Hauses» angehört, sollte hingegen explizit nicht mehr von einem solchen Wohnrecht profitieren. Hinzu tritt die Behauptung, es gebe rechtliche Unklarheiten im Vertrag von 1926, die nun endgültig bereinigt werden müssten.

Der Versuch, eine fast hundert Jahre alte Regelung zum Über-

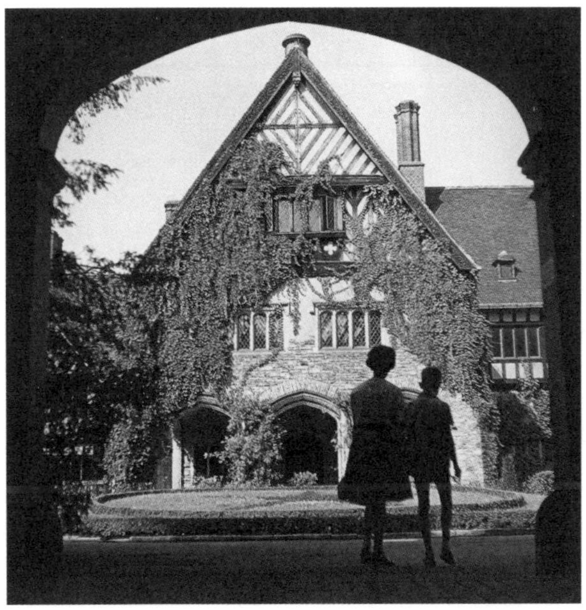

Schloss Cecilienhof

gang der Monarchie in die Republik heute noch einmal zum Gegenstand von Vergleichsverhandlungen zu machen, muss auf der einen Seite als geradezu grotesk erscheinen. Auf der anderen Seite entbehrt er insofern nicht einer gewissen Logik, als die allermeisten Vermögensgegenstände, über die in dem laufenden Verfahren vor dem Verwaltungsgericht Potsdam gestritten wird, vom heutigen «Oberhaupt» der Hohenzollern überhaupt nur deshalb als Vermögensverlust in der sowjetisch besetzten Zone geltend gemacht werden dürften, weil sie der Familie zuvor durch den Vertrag von 1926 zugesprochen worden waren. Und so wird in den nicht öffentlichen Rückgabeverhandlungen zwischen dem «Haus Hohenzollern», dem Bund und den Ländern Berlin und Brandenburg mehr als ein Jahrhundert nach dem Ende der Monarchie auf deutschem Boden noch einmal die

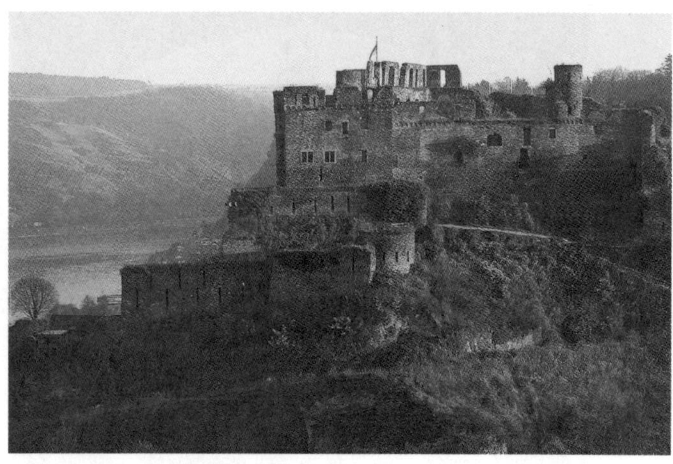

Burg Rheinfels

Frage verhandelt, wie die Aufteilung des monarchischen Vermögens in der Republik vorzunehmen wäre.

Mit diesen Grundsatzverhandlungen hat es allerdings im Hinblick auf die Rückgabeverlangen des «Hauses Hohenzollern» nicht sein Bewenden. Im engen zeitlichen Zusammenhang mit der Aufnahme der Vergleichsverhandlungen in Berlin strengte Georg Friedrich Prinz von Preußen einen weiteren Gerichtsprozess vor dem Landgericht Koblenz an. Gegenstand dieses Prozesses war die Burg Rheinfels oberhalb des Ortes St. Goar in Rheinland-Pfalz. Auch sie gehörte ursprünglich zu dem nach der Revolution von 1918 zwischen Familie und Republik aufzuteilenden Vermögen des regierenden Hauses Hohenzollern. Noch zwei Jahre vor der endgültigen vertraglichen Einigung im Jahr 1926 wurde die Burg jedoch durch Vertrag an die Gemeinde St. Goar übertragen. Aufgrund komplexer juristischer Details im Rahmen dieses Übergangs auf die Gemeinde[32] versuchte Georg Friedrich Prinz von Preußen nun vor Gericht, seine Rechte an der Immobilie feststellen zu lassen – und scheiterte krachend.[33] Nachdem er zunächst Berufung gegen das Urteil eingelegt hatte, einigten sich die beiden Parteien – trotz der deutlichen Worte des Gerichts – Anfang des Jahres 2020 doch noch gütlich: Der Hohenzollernnachfahre erkannte die Eigentumsrechte der Gemeinde an der Burg uneingeschränkt an. Im Gegenzug erhebt die Gemeinde in Zukunft einen Aufschlag auf das Eintrittsgeld für die Burg, der unmittelbar der «Prinzessin Kira von Preußen Stiftung» zugutekommen soll – einer Stiftung, die unter Leitung der Ehefrau Georg Friedrichs «sozial benachteiligte Kinder und Jugendliche zu Erholungsferien auf die Burg Hohenzollern» einlädt.[34]

Dass der Ururenkel überhaupt den Versuch unternommen hat, einen Anspruch auf die Burg Rheinfels durchzusetzen, lässt fast den Eindruck aufkommen, es handle sich um den Teil einer größer angelegten Strategie, die Entscheidungen zur Vermögensauseinandersetzung nach dem Ende der Monarchie noch einmal grundsätzlich in Angriff nehmen und zu den eigenen Gunsten verschieben zu wollen. In diese Richtung weist auch ein anderer Umstand, der Ende 2020 öffentlich bekannt wurde:[35] Im Jahr 2014, also etwa im selben Zeitraum, als die Gespräche zwischen dem «Haus Hohenzollern» und der öffentlichen Hand in Deutschland begannen, versuchte Georg Friedrich Prinz von Preußen gegenüber der niederländischen Regierung, Ansprüche auf Haus Doorn, den Wohnsitz des ehemaligen Kaisers im niederländischen Exil, durchzusetzen.[36] Anders als in Berlin und Potsdam reagierte man in Den Haag überaus reserviert: Die niederländische Regierung sah schlicht «keinen Grund», dem Anspruch nachzukommen.

II.
Von Vergangenheit und Gegenwart, oder: Drei Arten der Nostalgie

So unterschiedlich diese drei Formen des Zurückgebens sind, so sehr teilen sie doch gleichzeitig ein Grundgefühl, das ihre handlungsleitende Basis ist. Wie unsere Gegenwart insgesamt sind sie in entscheidendem Maße von einer Stimmung geprägt, die man in allen ihren Facetten als Nostalgie bezeichnen kann. Fünfhundert Jahre nachdem Thomas Morus den Begriff «Utopia» für die zukünftige Errichtung des Himmels auf Erden erfand, setzen sich zunehmend nostalgische Denkweisen durch, die sich nicht mehr aus der Zukunft speisen, «sondern aus der verlorenen, geraubten, verwaisten, jedenfalls untoten Vergangenheit».[1] An die Stelle der Utopia ist, so Zygmunt Bauman, die Retrotopia getreten.

Individuelles Trauern: Die reflektive Nostalgie

Es sind unterschiedliche Formen, die diese Nostalgie heute annehmen kann. In einem stark auf das Individuum bezogenen Sinne begegnet sie uns oft in ihrer melancholischen Variante, die man als reflektive Nostalgie bezeichnen kann.[2] Sie ist ein Gefühl, das zwischen individueller und kollektiver Emotion angesiedelt und in erster Linie durch eine Sehnsucht nach der Vergangenheit geprägt ist. Sie kann als Trauer um eine vergangene Zeit verstanden werden, die allerdings nicht in dem Wunsch nach deren Rückkehr mündet, sondern vielmehr einen gewissen

Unmut über die Gegenwart zum Ausdruck bringt. Dieser Unmut wandelt sich dabei jedoch nicht in ein Handlungsprogramm um. Die reflektive Nostalgie ist passiv. Sie bedauert, sie beklagt, sie betrauert, aber sie gestaltet nicht, ja versucht nicht einmal, eine Vision für die Gegenwart zu entwickeln. Kulturell kann sie daher von großer Bedeutung sein. Politische Relevanz erlangt sie gleichwohl kaum, wenn man von einem diffusen, auch politisch interpretierbaren Missmut gegenüber den aktuellen Zuständen absieht.

Zurück in die Vergangenheit, die es nie gab: Die restaurative Nostalgie

Das aktivische Pendant zu dieser passiven Haltung kann man als restaurative Nostalgie bezeichnen. Sie besitzt von vorneherein eine stärker gemeinschaftsbezogene Dimension, da sie weniger bei der individuellen Emotion und stärker bei der kollektiven Erinnerung ansetzt. Im gegenwärtigen politischen Diskurs ist sie von erheblicher Bedeutung – auch und gerade, weil sie sich mit konkreten politischen Handlungsvisionen verbinden lässt. Sie trauert nicht allein einer verlorenen Zeit nach oder beklagt den Zustand der Gegenwart. Vielmehr erwächst aus ihr das Verlangen, die Vergangenheit für die Gegenwart wiederherzustellen – oder jedenfalls das, was sie als Geschichte rekonstruiert.

Eine besondere Renaissance erlebt diese Form der Nostalgie in jüngerer Zeit in ihrer politisch-verklärenden nationalstaatlichen Form. In einer Welt, die sich zumindest in ihren liberalen Eliten weitgehend als globalisiert begreift, feiert der Nationalstaat der Vergangenheit dieser Tage ein ungeahntes Comeback. So strahlend und schön, so golden und glänzend wie ausgerechnet heute, da er sich in den Augen vieler eigentlich schon im Niedergang befindet, war der Nationalstaat nie. In weiten Teilen der westlichen Welt erstarken daher gerade politische Strömungen, die sich in ihrer Gestaltungsvision der Wiederherstellung eines solchen früheren Zustands der glorreichen nationalen Vergangenheit widmen – einer nationalen Vergangenheit, die gleichzeitig eine imaginierte homogene Gemeinschaft zur Grundlage hat. Die Parole «Make America great again» etwa, also die Forderung, zu einem nicht näher definierten großartigen Amerika der Vergangenheit zurückzukehren, war ein zentraler Baustein des erfolgreichen Präsidentschaftswahlkampfs von Donald Trump im Jahr 2016. Zur selben Zeit arbeiteten in Europa beim Brexit-Referendum, das die Bürger Großbritanniens über den Austritt aus der EU abstimmen ließ, die sogenannten Brexiteers in ihren Kampagnen massiv mit Bildern des alten britischen Empires, dessen Glanz und Gloria mit der Befreiung aus der Europäischen Union nun endlich wiederaufleben sollten. Bis heute wurde dieser Topos im Ringen um einen mehr oder weniger geordneten Ausstieg aus der Union beibehalten. Und im Osten Europas propagiert die Regierung von Ministerpräsident Viktor Orbán in Ungarn schon seit Jahren eine nationalistische Politik, die maßgeblich geprägt ist durch die Phantasie eines ethnisch reinen Großungarn, orientiert an historischen Bildern des Mittelalters.[3] In all ihren Facetten träumen diese politischen Strömungen (und ihre geistigen Verwandten in aller Welt) von einer diffusen, einer unbestimmten Vergangenheit, die es so zwar nie gegeben hat, deren aufpoliertes und vergoldetes Bild nun aber als Schablone für die Zukunft dienen soll.

In Deutschland, wo ein solch unkritischer Rekurs auf eine zum Teil imaginierte Vergangenheit aufgrund des Zivilisationsbruchs des Holocausts kaum möglich erscheint, hat die entsprechende Form der Nostalgie eine ganz besondere Wendung genommen. Institutionell repräsentiert wird sie vor allen Dingen durch die AfD, die zuletzt bei mehreren Landtagswahlen jeweils rund ein Viertel der Wählerstimmen erringen konnte. Die Besonderheit der politischen Nostalgie liegt hier darin, dass sich in ihr nicht nur die Idee der schlichten Wiederherstellung einer glorifizierten Vergangenheit widerspiegelt, sondern mit der Idee der Wiederherstellung vielmehr auch ein Element der Bereinigung der Vergangenheit verbunden ist: Mit der Behauptung, im Moment werde «die deutsche Geschichte mies und lächerlich gemacht», forderte etwa der thüringische AfD-Vorsitzende Björn Höcke eine «erinnerungspolitische Wende um 180 Grad».[4] Der damalige Bundesvorsitzende der Partei, Alexander Gauland, provozierte wenig später mit der Aussage, Hitler und die Nationalsozialisten seien «nur ein Vogelschiss» in 1000 Jahren deutscher Geschichte.[5] Und in den Landtagswahlkämpfen des Jahres 2019 bezog sich die Partei in den neuen Bundesländern zentral auf das Erbe der friedlichen Revolution von 1989/90 und trat mit der sloganhaften Forderung «Vollende die Wende» in Erscheinung.[6]

Die Besonderheit an diesem Ansatz liegt darin, dass die Verbindung zur eigenen Vergangenheit, die in höchst diffuser, unbestimmter und letztlich zu einem großen Anteil imaginierter Form wiederhergestellt werden soll, nicht ungebrochen ist. Da die nationalistischen Nostalgiker vom rechten Rand dann doch nicht so weit gehen wollen, den Holocaust zu leugnen, versuchen sie, ihn als Teil der Vergangenheit zu marginalisieren oder sogar zu ignorieren. Sie berufen sich auf eine im Einzelnen nicht näher spezifizierte, glorifizierte deutsche Vergangenheit, in der die Schrecken der Shoah keinen großen Raum einnehmen. Viel deutlicher als bei den westlichen Nachbarn, bei denen die neuen nationalistischen Bestrebungen eher zu einer unbestimmten Vergangenheit zurückkehren wollen, zu der eine fast ungebrochene Linie gezogen wird, geht es in Deutschland heute also auch darum, die Geschichte durch eine wesentliche Auslassung in gewisser Weise umzuschreiben. Ähnlich verhält es sich in Bezug auf die Vereinnahmung der friedlichen Revolution in der DDR durch diese restaurative Nostalgie von rechts. Sie macht sich die Geschichte zunutze, indem sie eine historische Linie zwischen Vergangenheit und Gegenwart zieht, die in vielerlei Hinsicht nur als abenteuerlich bezeichnet werden kann. Gleichzeitig bemüht sie sich – und hier ist die restaurative Nostalgie auf einmal so konkret, wie sie es sonst selten ist –, mit dem Bezug auf die friedliche Revolution einen bestimmten Zeitpunkt der Geschichte aus der Vergangenheit hervorzuholen und ihm nun, in die Gegenwart gebracht, eine andere Wendung zu geben, eine andere Zukunft zu schenken. Damit wird in gewisser Weise der Versuch unternommen, die 30 Jahre seit dem Ende der DDR zu marginalisieren, wenn nicht zu ignorieren.

Gegenwart gestalten, Vergangenheit heilen: Die reparative Nostalgie

Dieser Entwicklung steht eine in vielerlei Hinsicht als Gegenmodell beschreibbare Form der Nostalgie gegenüber, die man als reparative Nostalgie bezeichnen kann. Wie die restaurative Nostalgie speist auch sie sich – nicht nur in Deutschland – aus dem Gefühl eines Bruchs in der Vergangenheit, zieht aus dieser Emotion aber gleichwohl völlig andere Schlüsse: Sie bemüht sich darum, das vergangene Unrecht wiedergutzumachen. Anders als die nationalistische Form der restaurativen Nostalgie, die in erster Linie auf Abschottung setzt und dabei die eigene Geschichte genauso frei von negativen Erzählungen halten will wie die heutige Gesellschaft frei von als fremd definierten Einflüssen, setzt diese reparative Form der Nostalgie in besonderem Maße auf

Öffnung. Inhaltlich weitet sie den Blick insofern, als sie eingefahrene Deutungen der Vergangenheit hinterfragt und neue, kritische Auseinandersetzungen an ihre Stelle setzt. Sie öffnet sich aber auch personell, weil sie keine isolierte Vergangenheit innerhalb einer ethnisch homogenen Gemeinschaft wiederherstellen will, sondern in ihrem Umgang mit der Vergangenheit vielmehr gerade aus den Verbindungen und Verknüpfungen zu anderen Gemeinschaften schöpft.

Ein Teil dieser reparativen Nostalgie bezieht sich dabei auf das klassische Mittel der Kompensation durch Entschädigungszahlungen. Die seit 2015 andauernden Verhandlungen der Bundesrepublik Deutschland mit der Republik Namibia über die Aufarbeitung der kolonialen Vergangenheit etwa drehen sich maßgeblich um diesen Punkt, auch wenn es die Bundesregierung bisher strikt ablehnt, entsprechende Geldzahlungen zu leisten. Gerade in jüngerer Zeit wurden zudem aus Polen und Griechenland wieder Forderungen nach deutschen Entschädigungszahlungen für die im Zweiten Weltkrieg begangenen Verbrechen laut.

Deutlich intensiver – und im Ergebnis auch politisch deutlich wirkmächtiger – wird diese Debatte jedoch im Hinblick auf die sogenannte dingliche Restitution geführt, im Hinblick auf das Zurückgeben also. Um dem Unrecht der Vergangenheit zu begegnen und es «wiedergutzumachen», werden dabei Dinge, die im Zusammenhang mit dem historischen Unrecht ihren Besitzer gewechselt haben, dem ursprünglichen Eigentümer bzw. dessen Erben zurückgegeben. Dieser Besitzwechsel in der Vergangenheit kann dabei sehr unterschiedliche Formen haben und von einem gewaltsamen Raub bis hin zu einem Verkauf im Rahmen einer strukturellen Zwangslage reichen. Gemeinsam ist diesen Vorgängen, dass sie in der heutigen Betrachtung der reparativen Nostalgie als ethisch verwerflich, als unmoralisch und ungerecht bewertet werden. Wenn die Objektverschiebungen heute nach langer Zeit rückabgewickelt werden, wird dieser Vorgang dabei allerdings oft weniger von ethischen Argumenten begleitet, die als solche explizit gemacht werden, sondern häufig allein von dem juristisch erscheinenden Argumentationstopos des Eigentums. In dieser Lesart wird mit der Rückgabe dann lediglich die bestehende Eigentumsordnung durchgesetzt, das Objekt gelangt zurück zu demjenigen, dem es gehört. Tatsächlich handelt es sich dabei allerdings meist gerade nicht um eine rechtlich akkurate Rekonstruktion der Eigentumslage, sondern vielmehr um einen wertenden Zugriff auf die Frage, welcher Person ein Objekt heute zugeordnet werden soll.[7]

Die Bedeutung, die die Vergangenheit im Zusammenhang mit dieser besonderen Form der Nostalgie genießt, ist eine sehr besondere. Sie stellt sich nicht, wie bei der restaurativen Nostalgie, schlicht als ein diffuses Ideal dar, an dessen Wiederherstellung man politisch arbeiten will. Das Verhältnis zur Vergangenheit erschöpft sich auch nicht in einer Öffnung für kritische Deutungsmuster der Geschichte. Die reparative Nostalgie ist als kollektive Emotion vielmehr geprägt davon, dass sie die offen und kritisch gedeutete eigene Vergangenheit nicht einfach aushalten will. Sie stellt die moralischen Verfehlungen, das Unrecht, die Gewalt der Vergangenheit nicht lediglich fest. Sie möchte ihre Folgen und damit letztlich die Vergangenheit selbst reparieren. Deshalb verwundert es nicht, dass mittlerweile vor allem Objekte im Mittelpunkt der entsprechenden Wiedergutmachungsbestrebungen stehen. Denn in ihnen manifestiert sich die Vergangenheit in körperlicher Weise. Durch ihre höchst reale Existenz in der Gegenwart kann die Frage nach ihrer Zuordnung nicht unbeantwortet bleiben. Es bleibt zwar möglich, ihre besondere Herkunftsgeschichte zu marginalisieren oder zu ignorieren und deshalb den status quo der Zuordnung unhinterfragt zu lassen. Aber auch dadurch wird die Entscheidung getroffen, die derzeitige Zuordnung als gerecht zu bewerten.

Erwächst aber aus dem Gefühl reparativer Nostalgie heraus der Wille, die gegenwärtige Zuordnung zu verändern und die Objekte mit Unrechtsgeschichte zurückzugeben, so wird damit, anders als bei der restaurativen Nostalgie, gerade nicht versucht, eine Vergangenheit wiederherzustellen, von der man imaginiert, dass sie so gewesen wäre. Die Querverbindungen zwischen Gegenwart und Vergangenheit gestalten sich deutlich komplexer. Denn durch das heutige Zurückgeben wird auf der einen Seite ganz klar die Gegenwart gestaltet. Seinen Bezugspunkt hat der Vorgang allerdings in der Vergangenheit, und zwar in sehr besonderer Form: Aus der kritischen Auseinandersetzung mit dem Unrecht der Vergangenheit folgt die Konstruktion einer hypothetischen Gegenwart, die entstanden wäre, hätte es das vergangene Unrecht nicht gegeben.

Deutungsmuster der Vergangenheit

Spiegelt man diese Überlegungen zur reparativen Nostalgie auf die drei Beispiele des Zurückgebens zurück, die die Debatte in Deutschland zurzeit prägen, so sticht das Beispiel der Hohenzollern deutlich hervor. Denn es ist eine sehr spezielle Form reparativer Nostalgie, die in den aktuellen Restitutionsbemühungen der ehemaligen deutschen Kaiserfamilie zum Ausdruck kommt und zum eigenen Vorteil genutzt werden soll. Zwar gibt es heute selbst von Seiten der Hohenzollern keine ernsthaften Bestrebungen mehr, die Revolution von 1918 in Deutschland rückgängig zu machen und wieder zur monarchischen Staatsform zurückzukehren. Trotzdem speisen sich die erhobenen Forderungen nach Entschädigungen und Rückgaben doch aus einem diffusen Gefühl, dass den Hohenzollern wiedergutzumachendes Unrecht widerfahren sei – und zwar nicht nur nach dem Zweiten Weltkrieg unter sowjetischer Besatzungsherrschaft, sondern bereits zuvor in der Weimarer Republik bei der Aufteilung des monarchischen Vermögens. Der Wunsch nach Wiederherstellung bezieht sich dann auf die Fortschreibung der Gegenwart aus einer fiktiven Vergangenheit heraus, in der es dieses angenommene Unrecht nicht gegeben hat. Denn dass es bei diesen Auseinandersetzungen gerade auch in hohem Maße um die Arbeit an der Vergangenheit geht, zeigt nicht zuletzt die Tatsache, dass Teil der Vergleichsverhandlungen auch die Frage nach einem Hohenzollernmuseum und der inhaltlichen Deutungshoheit über dieses Museum ist bzw. war.[8]

Einer der wesentlichen Unterschiede, die zwischen diesem sehr besonderen Fall der Rückgabeforderungen und der Restitution von NS-Raubkunst sowie kolonialen Kulturgütern bestehen, liegt darin, dass im Fall der Hohenzollern die Deutung und Bewertung der Vergangenheit, um deren Wiederherstellung in gewissem Sinne gestritten wird, (noch) nicht gesellschaftlich konsentiert ist. Das betrifft in besonderem Maße die Frage nach der Rolle der Hohenzollern bei der Etablierung des Nationalsozialismus, die sich in diesem Fall nicht nur als historische Tatsachen- und gesellschaftliche Wertungsfrage, sondern auch als durch Gerichte verbindlich zu entscheidende Rechtsfrage darstellt. In gewissem Umfang ist davon aber auch insgesamt die Bewertung der Abwicklung der deutschen Monarchie und des Übergangs zur Republik erfasst. Daher ist es auch sehr bemerkenswert, dass trotz oder vielleicht gerade wegen dieser fehlenden Konsentierung der historischen Deutung die an den Verhandlungen beteiligten Regierungen schon im Vorfeld zugesagt haben, einen etwaigen Vergleich mit Georg Friedrich Prinz von Preußen den jeweiligen Parlamenten zur Genehmigung vorzulegen, obwohl er nicht in Gesetzesform gegossen wird.[9] Damit unterscheidet sich der politische Plan der Regierungen hier zentral vom Umgang mit NS-Raubkunst sowie kolonialen Kulturgütern, deren gegenwärtige Restitution konsequent am Parlament vorbei organisiert wird. Vermutlich lässt sich bei aller Schwierigkeit, historische Bewertungen im parlamentarischen Verfahren vorzunehmen, ein Streit über die Vermögensauseinandersetzung mit einem ehemaligen regierenden Königshaus dann doch leichter führen als die Auseinandersetzung mit dem Unrecht des Nationalsozialismus oder der Kolonialherrschaft, bei der es vor allen Dingen auch um die Konfrontation mit schrecklichster, teils unvorstellbarer Gewalt geht.

So unterschiedlich damit am Ende diese drei prägenden Beispiele des Zurückgebens im gegenwärtigen politischen Kontext auch sind: Sie sind nicht nur verbunden durch eine übergreifende Idee einer jeweils sehr besonderen Form von reparativer Nostalgie. Die erhofften Rückgabeprozesse sind vielmehr auch durch dieselben Parameter geprägt, die das Zurückgeben determinieren und mit Sinn aufladen. Das betrifft zum einen ihr Verhältnis zu dem begangenen Unrecht, das wiedergutgemacht werden soll, und der Vergangenheit, in der dieses Unrecht liegt, sowie die besondere Prägung des Zurückgebens durch die Dinglichkeit des jeweiligen Objekts. Zum anderen betrifft dies die besondere Prägung des politischen Prozesses durch die Institution des Museums, die hier in vielfältiger Weise durch ihre Rolle als Geschichtsfabrik das Zurückgeben prägt. Schließlich ähneln sich alle drei Beispiele aber auch in der identischen Frage danach, welchem Zweck die Rückgaben dienen sollen. Geht es um Gerechtigkeit? Geht es um die (Neu-)Verteilung von Kulturgütern? Oder steht das Prozesshafte, das Erzählen, das Aushandeln und das In-Dialog-Treten im Vordergrund? Der folgende Essay versucht, auf diese Fragen eine erste Antwort zu geben.

III.
Unrecht

Etwas sehr Grundlegendes ist allen skizzierten Formen des Zurückgebens, über die in jüngerer Zeit (wieder) diskutiert wird, gemein: Ihr Kernanliegen ist die Auseinandersetzung mit und in gewissem Umfang auch die Wiedergutmachung von vergangenem Unrecht. Indem die Objekte wieder zu ihrem ursprünglichen Besitzer zurückkehren, soll den Taten der Vergangenheit in der Gegenwart etwas entgegengesetzt werden. Zumindest die Folgen des Unrechts will man so in gewisser Weise ungeschehen machen.

Zeit zurückdrehen: Die Idee der Naturalrestitution

Ein solcher Gedanke, das Vergangene ungeschehen zu machen, ist in gewisser Weise der Idee des Schadensersatzrechts entliehen. Unter dem Fachterminus der Naturalrestitution findet sich ein entsprechender Grundsatz für das deutsche Recht in § 249 des Bürgerlichen Gesetzbuchs: «Wer zum Schadensersatz verpflichtet ist, hat den Zustand herzustellen, der bestehen würde, wenn der zum Ersatz verpflichtende Umstand nicht eingetreten wäre.» Damit ist dem nüchternen Schadensersatzrecht von vornherein ein kleines Moment magischen Denkens inhärent. Wenn man nur ganz fest daran glaubt, so scheint es, könnte der frühere Zustand wiederhergestellt, die Zeit quasi zurückgedreht werden. Genauer gesagt: Erst wird die Zeit zurückgedreht, dann lässt man sie weiterlaufen – allerdings nicht in der Realität, sondern in einer hypothetischen Wirklichkeit, in der das auszugleichende

Unrecht nie geschehen ist. Die Zeit zurückdrehen zu können, das ist allerdings tatsächlich nicht mehr als ein magischer Wunsch. Es kann also immer nur darum gehen, möglichst nah an einen Zustand zu kommen, von dem man annimmt, dass er sich eingestellt hätte. Das Recht lebt an dieser Stelle damit im Grunde von Projektionen.

Nun ist der Schadensersatz nicht gerade für seine besondere Form magischer Projektionen, für seinen Feenstaub und seine Fabelwesen bekannt. Und so schrumpft sein Versprechen, die Zeit zurückdrehen zu können, in der Praxis dann doch auch beträchtlich zusammen. Nicht nur, dass die Juristen in der Regel eine gewisse Großzügigkeit an den Tag legen, wenn es darum geht zu beurteilen, ob der neue Zustand dem hypothetischen alten Status entspricht. Dadurch, dass im Schadensersatzrecht meist auch kein allzu langer Zeitraum zwischen dem Eintritt des Schadens und dessen Wiedergutmachung durch Schadensersatz liegt, ist die Abweichung zwischen der tatsächlichen und der erdachten Gegenwart vielleicht auch noch nicht so groß, dass man in den meisten Fällen nicht noch relativ leicht über diesen Umstand hinwegsehen könnte.

Historisches Unrecht als staatliches Unrecht

Geht es allerdings, wie hier, um die Wiedergutmachung historischen Unrechts, so sind zwei Besonderheiten zu beachten, die den Prozess in einem deutlich anderen Licht erscheinen lassen. Die eine betrifft die zeitliche Komponente: Es geht hier nicht um den Ersatz kürzlich verursachter Schäden. Zwischen dem Unrecht, das wiedergutgemacht werden soll, und dem Versuch, den hypothetischen Zustand ohne dieses Unrecht wiederherzustellen, ist vielmehr ein längerer Zeitraum von mehreren Jahrzehnten verstrichen. Das Unrecht liegt also weit in der Vergangenheit. Darauf wird noch zurückzukommen sein. Die andere Besonderheit betrifft Ursprung und Art des Unrechts. Bei dem Unrecht, das hier wiedergutgemacht werden soll, handelt es sich nicht einfach um ein gängiges, gewöhnliches Fehlverhalten, das im Rahmen der geltenden Rechtsordnung eben unter anderem auch mit den Mitteln des Schadensersatzes sanktioniert wird. Das Unrecht ging hier vom Staat und seiner Rechtsordnung selbst aus,[1] es stand nicht neben der staatlichen Rechtsordnung, sondern war in sie eingeschrieben.

Aus diesem Grund wird gerade hier besonders deutlich, dass es sich beim Begriff des Unrechts schon terminologisch um eine ambivalente Kategorie handelt. Er verweist einerseits als Gegenbegriff auf das Recht als Inbegriff einer konkreten Rechtsordnung, andererseits aber auch auf universelle Richtigkeits- und Gerechtigkeitsvorstellungen. In Bezug auf staatliches Unrecht fallen diese Kategorien nun gleich in mehrfacher Hinsicht auseinander. Zunächst bekommt hier die Tatsache eine besondere Bedeutung, dass zwar die meisten Rechtsordnungen in der Sache darauf ausgerichtet sind, eine materielle Gerechtigkeitsanordnung zu realisieren, eine völlige Identität von Recht und Gerechtigkeit aber niemals gewährleistet werden kann. Hinzu tritt ein weiteres Problem: Gerade am Beispiel staatlichen Unrechts wird besonders deutlich, dass die universellen Richtigkeits- und Gerechtigkeitsvorstellungen, die mit dem formalen Recht kontrastieren können, tatsächlich nicht so universell sind, wie häufig suggeriert wird. Nur in den seltenen Fällen offenen Staatsterrors wird nämlich nicht zumindest der Versuch unternommen, das staatliche Handeln, das später als Unrecht wiedergutgemacht werden soll, als legitime Form der Herrschaftsausübung darzustellen. Die Wiedergutmachung staatlichen Unrechts stößt damit im Hinblick auf ihren Unrechtsbegriff auf zwei grundlegende

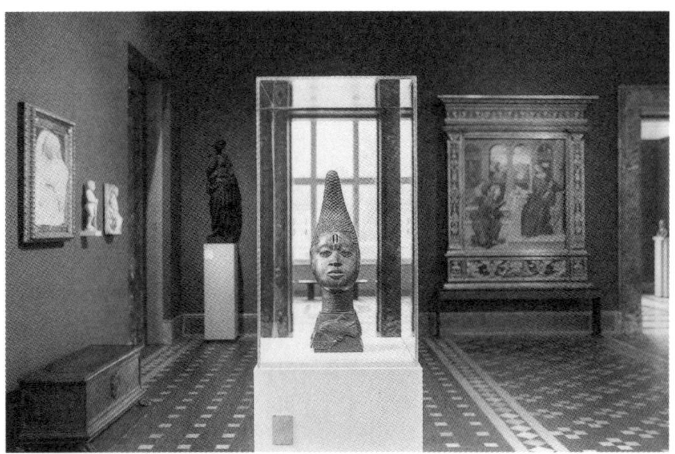

Benin-Bronze im Bode-Museum, Berlin

Probleme: zum einen auf das Auseinanderfallen von formalem Recht und materiellen Gerechtigkeitsvorstellungen, zum anderen auf die Wandlung materieller Gerechtigkeitsvorstellungen im Laufe der Zeit, vor allen Dingen auch im Zusammenhang mit einem politischen Systemumbruch.

Was das bedeutet, kann besonders anschaulich am Beispiel des Kolonialismus und der in diesem Zusammenhang erfolgten Verlagerungen von Kulturgütern nach Europa gezeigt werden. Als geradezu emblematisch erweist sich dabei der Fall der sogenannten Benin-Bronzen, eine Sammlung von mehreren Tausend Bronzeskulpturen aus dem ehemaligen Königreich Benin, dessen Gebiet im heutigen Nigeria liegt. Sie gehören zu den im globalen Norden wohl bekanntesten dinglichen Zeugnissen afrikanischer Geschichte, und im Hinblick auf ihre Provenienz auch zu den umstrittensten.[2] Ursprünglich befanden sich die Objekte im Königspalast von Benin-City. Benin war es gelungen, trotz der immer weiter fortschreitenden Kolonialisierung West-Afrikas relativ lange seine Unabhängigkeit zu bewahren und eine eigene

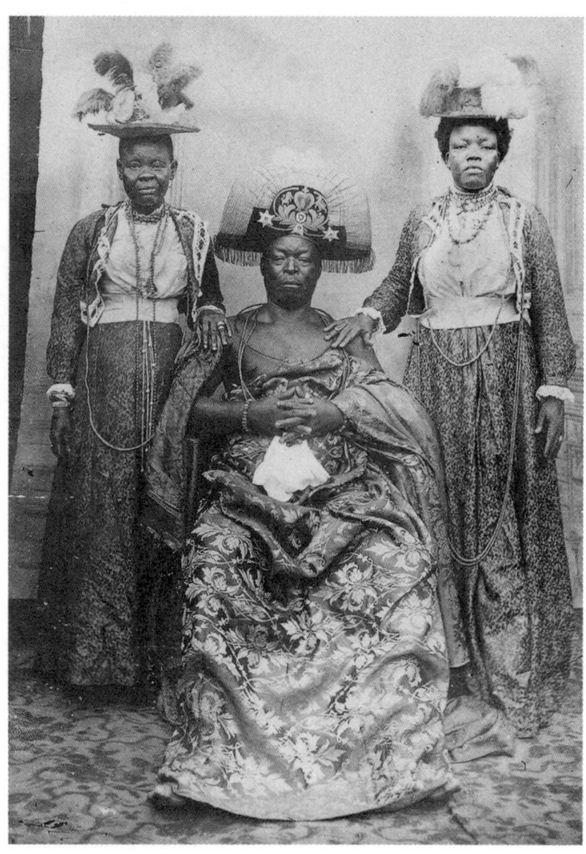

Der «Oba» genannte Herrscher von Benin Ovonramwen Nogbaisi mit seinen beiden Ehefrauen, circa 1898–1913

monarchische Herrschaftsstruktur zu erhalten. Erst im Jahr 1897 eroberten britische Truppen das Land im Rahmen ihrer kolonialistischen Expansion und machten es zu einem Teil des britischen Kolonialreichs. Im Rahmen dieser blutigen Eroberung brannten die Kolonialtruppen weite Teile der gesamten Stadt nieder, ermordeten Hunderte Menschen und plünderten den Königspalast vollkommen aus. Die berühmten Benin-Bronzen waren Teil dieses Raubguts. Sie wurden zunächst nach London gebracht und gelangten von dort, zum Teil über den Kunsthandel, in verschiedene Museen auf der ganzen Welt. Die größten Bestände befinden sich heute zum einen im British Museum in London, zum anderen im Ethnologischen Museum Berlin, von wo aus sie in Kürze in das neu errichtete Humboldt Forum auf dem Berliner Schlossplatz umziehen sollen. Seit vielen Jahren gibt es sowohl seitens des ehemaligen Königshauses von Benin als auch seitens der heutigen nigerianischen Regierungen Forderungen nach Rückgabe der geplünderten Objekte.[3]

Aus der heutigen moralischen Perspektive auf die Vorgänge aus dem Jahr 1897 scheint der Status dieser Objekte relativ eindeutig zu sein. Plünderung, Ermordung und Eroberung wirken auf uns hochgradig verwerflich, unrecht in einem universellen Sinne. Es bedarf jedoch keiner großen Phantasie, um sich vorzustellen, dass ebendiese moralischen Vorstellungen im Jahr 1897 gerade nicht der in der Öffentlichkeit verbreiteten Wahrnehmung entsprachen. Ganz im Gegenteil: Der militärische Sieg wurde vielmehr euphorisch gefeiert.[4] Die Eroberung erschien als legitime Form der Machtübernahme im Rahmen der kolonialen Expansion. So wie der Kolonialismus als solcher in der Zeit gerade nicht als verwerflich, sondern als legitime Form der Politik angesehen wurde, so wollte man seinerzeit auch in der Eroberung, Plünderung und Zerstörung von Benin-City kein Unrecht erkennen.

Diese Bewertung spiegelt sich auch in der formaljuristischen Betrachtung wider, also bei der Frage, ob hier in einem formalen Sinne «Unrecht» geschah. Aus der Sicht der ehemaligen Kolonisatoren, d. h. Großbritanniens und anderer westlicher Staaten, in denen sich die meisten der Benin-Bronzen heute befinden, ist diese Frage klar zu verneinen. Denn das Völkerrecht als diejenige Rechtsschicht, die auf diese Form von internationalen Über-

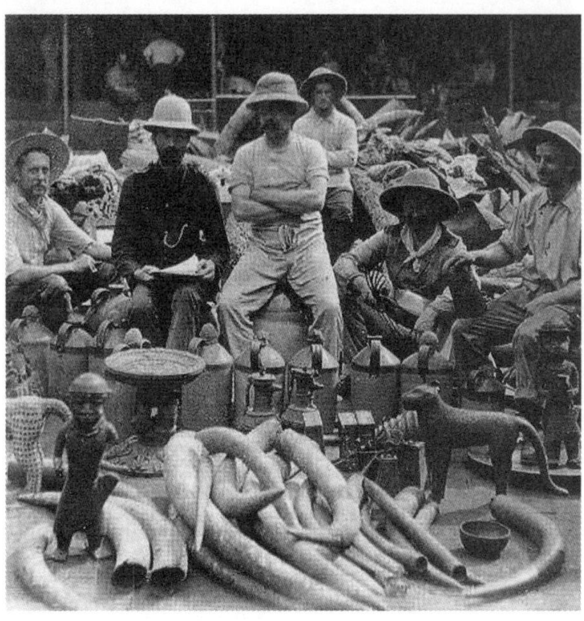

Britische Soldaten nach der Plünderung von Benin-City, 1897

griffen im Grundsatz schon Ende des 19. Jahrhunderts Anwendung fand, war zu dieser Zeit allein ein Recht des sogenannten globalen Nordens – das heißt in weiten Teilen ein Recht der Kolonisatoren.[5] Geschriebene Regeln, die ein Vorgehen wie dasjenige der britischen Kolonialtruppen untersagt hätten, existierten schlicht nicht. Aber auch die ungeschriebenen Regeln des Völkergewohnheitsrechts, also derjenigen internationalen Rechtsgrundsätze, von deren Gültigkeit die Staatengemeinschaft stillschweigend ausging, sanktionierten ein solches Verhalten nicht. Zwar kann man heute auf akademischer Ebene darüber streiten, ob schon vor der entsprechenden Normierung durch die Haager Konvention aus dem Jahr 1954 ein gewohnheitsrechtliches Verbot bestanden hat, im Rahmen bewaffneter Konflikte Kulturgüter aus besetzten Staaten zu entfernen. Doch selbst wenn man dies – entgegen der wohl vorherrschenden Meinung in der Völkerrechtslehre – annehmen würde, würde eine entsprechende gewohnheitsrechtliche Norm im Falle kolonialer Plünderungen nicht greifen. Denn nach den seinerzeitigen völkerrechtlichen Vorstellungen des globalen Nordens handelte es sich bei den kolonisierten Gebieten nicht um souveräne Staaten im völkerrechtlichen Sinne und bei der Kolonisierung nicht um einen zwischen Staaten bestehenden bewaffneten Konflikt.[6] Schon deshalb galt die Wegnahme von Kulturgütern im Rahmen gewaltsamer kolonialer Auseinandersetzungen nach den Maßstäben der damaligen Zeit nicht als illegal.

Neue Unwerturteile – neues Recht?

Die entsprechenden moralischen (Un-)Werturteile haben sich heute, mehr als 120 Jahre nach der gewaltsamen Plünderung, ohne Frage deutlich gewandelt. Der Kolonialismus wird heute in einem breiten internationalen Konsens als moralisch verabscheuungswürdige politische Form der Gewaltanwendung verurteilt. Doch anders als die moralische Bewertung in der Öffentlichkeit ist das Recht entsprechenden schleichenden Wandlungen nur sehr eingeschränkt zugänglich. Das Recht schreibt sich vielmehr grundsätzlich unbeeindruckt fort. Vergangenes Recht bestimmt deshalb die Gegenwart so lange, bis es ausdrücklich geändert wird. Anders als bei moralischen Wertungen erfasst allerdings auch eine solche Änderung des Rechts normalerweise nur Gegenwart und Zukunft. Die Vergangenheit wird hingegen weiter nach dem vergangenen Recht beurteilt, sofern das neue Recht nicht ausnahmsweise ausdrücklich auch die Vergangenheit erfassen soll. Auf koloniale Raubzüge ist daher im Grundsatz das Recht der Kolonialzeit anzuwenden – mit der Folge, dass vieles, was uns heute undenkbar erscheint, so lange als rechtmäßig gelten muss, bis neues Recht die Wertungen der Vergangenheit ausdrücklich aufhebt.

Zwischen dem eigentlichen historischen Geschehen und der heutigen moralischen Bewertung rückt daher bei der Frage der Wiedergutmachung auf einmal ein dritter Zeitpunkt in den Fokus: der Moment des Systemumbruchs. Wird diejenige staatliche Ordnung, deren Handlungen später als Unrecht qualifiziert werden, durch eine neue Ordnung abgelöst, so ist dies der natürliche Zeitpunkt, an dem über den Umgang mit dem zuvor begangenen Unrecht verhandelt wird. Auf der Ebene der gesellschaftlichen Bewertung stellt sich ein solcher Prozess oft, allerdings nicht immer, von selbst ein oder wird jedenfalls durch die Umstände des Systemumbruchs erzwungen. Auf der Ebene des Rechts hingegen muss der Umbruch meist als solcher explizit organisiert und entschieden werden. Für einen sehr kleinen Bereich kann ein solcher expliziter rechtlich-moralischer Bruch mit den Mitteln des Strafprozesses herbeigeführt werden. Die Auschwitz-Prozesse der 1960er Jahre und die Mauerschützen-Prozesse der 1990er Jahre zeigen die Möglichkeiten, aber auch die Grenzen dieser Form von Unrechtsaufarbeitung auf.[7] Jenseits dieser besonderen Fälle, die die strafrechtliche Verurteilung einzelner herausgehobener Täter betreffen, bedarf es allerdings in aller Regel eines bewussten politischen Gestaltungsprozesses in der Form des Rechts, um einen Wechsel im Rechtsregime zu erzeugen. Fehlt es an dieser Gestaltung, schreibt das Recht sich schlicht fort.

Auch für die Frage nach der Wiedergutmachung historischen Unrechts ist deshalb in besonderer Weise der Transformationsprozess nach dem politischen Systemwechsel von Bedeutung, da er im formaljuristischen Sinne erst die Grenze zwischen Recht und Unrecht neu zieht und so die veränderten politischen bzw.

gesellschaftlichen Maßstäbe in neues Recht umsetzt – oder eben auch nicht. Dieser Vorgang kann dann mit zeitlichem Abstand wiederum selbst zum Gegenstand einer eigenständigen Bewertung gemacht und als richtig oder moralisch jedenfalls unzureichend beurteilt werden. Bewertet wird dabei dann nicht das Unrecht selbst, sondern auf einer zweiten Stufe der Umgang mit diesem Unrecht unmittelbar nach seinem Ende.

Dekolonisierung und koloniales Unrecht

Wie unterschiedlich diese Phase des Systemumbruchs im Hinblick auf den Umgang mit der Vergangenheit ausfallen kann, zeigt der Kontrast der hier betrachteten Beispiele. Als besonders wenig offen für eine zeitgenössische Neubewertung sowohl in gesellschaftlicher als auch in rechtlicher Hinsicht erweist sich dabei das koloniale Unrecht. Dies gilt in ganz besonderem Maße für den deutschen Umgang mit diesem Thema. Als Deutschland durch den Versailler Vertrag im Jahre 1919 seine Kolonien an die alliierten Mächte abtreten musste, war die Weltordnung von einer Dekolonisation noch denkbar weit entfernt. Das Unrecht, das hier von der deutschen Öffentlichkeit wahrgenommen wurde, war nicht dasjenige des Kolonialismus. Vielmehr war es der Verlust der Kolonien, der von weiten Teilen der Politik als skandalös eingestuft wurde. Inmitten europäischer Großmächte, die weiterhin ihre koloniale Ausbeutungspolitik betrieben, fühlte sich die deutsche Politik und mit ihr ein nicht unbedeutender Teil der deutschen Öffentlichkeit einer legitimen Möglichkeit imperialen Strebens beraubt. Die gewaltsame Unterdrückung der einheimischen Bevölkerung, die das Prinzip des Kolonialismus bildete, wollte zu dieser Zeit hingegen kaum jemand tatsächlich als Unrecht benennen.[8]

Erste Schritte hin zu einer Neubewertung setzten erst durch die spätere, große Welle europäischer Dekolonisierung ein, die sich im Wesentlichen in den zwei Jahrzehnten nach Ende des Zweiten Weltkriegs vollzog. Die letzten europäischen Kolonien wurden durch Portugal erst Mitte der 1970er Jahre in die Unabhängigkeit entlassen.[9] Auch hier war man jedoch in den Heimatgesellschaften der ehemaligen europäischen Kolonialmächte weit davon entfernt, zeitgleich mit dieser Entwicklung auch eine umfassende moralische Neubewertung der Kolonialherrschaft vorzunehmen. Erst sehr langsam begann ein entsprechender Prozess des Umdenkens, der maßgeblich über den kulturellen Bereich und daran anschließend die verschiedenen Gesellschafts- und Kulturwissenschaften voranschritt[10] und bis heute noch nicht ganz abgeschlossen ist.

Dementsprechend existiert auch bis heute kein eindeutiges rechtliches Regime, mit dem die koloniale Herrschaft als Unrecht gekennzeichnet und seine Folgen bearbeitet würden. Versuche, entsprechende völkerrechtliche Normierungen voranzutreiben, sind zwar in den letzten Jahrzehnten immer wieder vor allen Dingen von den Staaten des globalen Südens unternommen worden. Insbesondere aufgrund des Widerstands der Staaten des globalen Nordens sind sie jedoch bis heute immer wieder ins Leere gelaufen.[11] Auch wenn sich somit die politisch-moralische Sicht auf den Kolonialismus in den letzten Jahren sehr grundlegend geändert hat – die rechtliche Situation blieb davon unberührt. Aus einer formaljuristischen Perspektive ist daher das meiste, was heute als koloniales Unrecht angesehen wird, nach wie vor nicht zu beanstanden. Auf durchsetzbare rechtliche Ansprüche, die aus rechtlich sanktionierbarem Unrecht folgen würden, kann sich deshalb das Zurückgeben von Kulturgütern aus kolonialem Kontext gerade nicht stützen.

Aufarbeitung von außen: Die nationalsozialistische Vergangenheit nach dem Zweiten Weltkrieg

Deutlich anders sieht die Situation demgegenüber im Hinblick auf die nationalsozialistische Herrschaft und die Aufarbeitung ihrer Folgen aus. Das liegt vor allen Dingen daran, dass der Systemumbruch nach dem Nationalsozialismus in Deutschland ungleich durchdringender, elementarer und umfassend fremdbestimmter war als bei der Dekolonisierung. Durch die bedingungslose Kapitulation im Jahr 1945 und die folgende Besatzung Deutschlands durch die vier Siegermächte wurde die bisherige Ordnung in ihren Grundfesten erschüttert. Dieser Umbruch von außen, bedingt durch die endgültige militärische Niederlage, führte dementsprechend auch nicht zu einem sofortigen Umbruch der öffentlichen Meinung und der in ihr angelegten Unrechtswertungen. Es war vielmehr ein langsamer, ungeordnet verlaufender Prozess, der das volle Ausmaß des Grauens des Nationalsozialismus in das Bewusstsein der Bevölkerung einsickern ließ.[12]

Auf der rechtlichen Ebene war der Bruch hingegen zumindest teilweise deutlicher spürbar. Zwar bestanden auch nach dem Ende der nationalsozialistischen Herrschaft zunächst einmal die Vorschriften der vorherigen Rechtsordnung im Wesentlichen nahtlos fort. Schon wenige Monate nach Ende des Zweiten Weltkriegs setzten die Alliierten im Rahmen ihrer Besatzungsmacht jedoch ausdrücklich eine Reihe nationalsozialistischer Rechtsvorschriften außer Kraft.[13] Insbesondere die in Recht gegossene nationalsozialistische Rassenideologie wurde so aus dem geltenden deutschen Recht eliminiert.

Diese unmittelbaren Maßnahmen konnten zunächst aber nur die Fortgeltung des nationalsozialistischen Rechts für die Zukunft ausschließen. Davon unberührt blieb die Tatsache, dass die Geschehnisse der NS-Zeit grundsätzlich auch nach dem nationalsozialistischen Recht zu beurteilen blieben, da eine rückwirkende Aufhebung der Gesetze nicht erfolgte – und unter dem Aspekt der gerade neu gewonnenen Rechtsstaatlichkeit auch problematisch gewesen wäre. Erst durch die bundesdeutschen Gerichte, allen voran das Bundesverfassungsgericht, wurde in besonderen Einzelfällen von diesem Grundsatz eine Ausnahme gemacht. Dabei bedienten sie sich der vom Rechtsphilosophen Gustav Radbruch entwickelten sogenannten Radbruchschen Formel, die er maßgeblich gerade als Reaktion auf den nationalsozialistischen Unrechtsstaat erdacht hatte. Im Ergebnis wurde so in besonders eklatanten Fällen der Unrechtsherrschaft der vormals geltenden Rechtsnorm aufgrund ihres moralischen Unrechtsgehalts schlicht die Eigenschaft als Recht abgesprochen.[14]

Es sind allerdings seltene, eklatante Fälle geblieben, in denen die Rechtsprechung diese allerletzte Möglichkeit ausnutzen musste, Recht zu Unrecht zu erklären. Sie betrafen zudem nur spezifisches Gesetzesrecht, in dem die nationalsozialistische Unrechtsideologie unmittelbar zur Anschauung kam – wie etwa bei der Ausbürgerung aller jüdischen Deutschen, die Deutschland durch Flucht ins Ausland oder auch durch gewaltsame Deportation dauerhaft verlassen hatten. Für das alltägliche Grauen unter der nationalsozialistischen Rechtsordnung bot die Radbruchsche Formel hingegen keine Lösung. Das mussten schon sehr bald nach dem Ende des Zweiten Weltkriegs all diejenigen Opfer des Nationalsozialismus erfahren, die aufgrund der Verfolgung ihr Vermögen verloren hatten und nun die Kraft und den Mut aufbrachten, ihr ehemaliges Eigentum zurückzufordern. Vor den Gerichten im besetzten Deutschland scheiterten sie zunächst systematisch. Da die allgemeinen zivilrechtlichen Regeln, die hier Anwendung fanden, keine spezifischen Maßstäbe für das einzigartige Unrecht der nationalsozialistischen Verfolgung kannten, wurden die Vermögensverluste im Wesentlichen als im Einklang mit der damaligen Rechtsordnung eingestuft.[15]

Erst durch die aktive gesetzgeberische Intervention der alliierten Mächte wurde diese Situation geändert. Sie erließen nicht nur Vorschriften zur finanziellen Kompensation von Opfern des Nationalsozialismus für die Schäden, die sie aufgrund staatlicher Gewalt an Leben, Körper, Gesundheit, Freiheit, Eigentum, Vermögen oder im beruflichen oder wirtschaftlichen Fortkommen erlitten hatten.[16] Darüber hinaus schufen sie mit dem sogenannten alliierten Rückerstattungsrecht auch Regeln, mit denen die ehemals Verfolgten alle in diesem Zusammenhang verlorenen Vermögensgegenstände in natura zurückverlangen konnten – und zwar sowohl vom Staat als auch von Privaten, wenn diese nun im Besitz der Objekte waren.[17] Diese Regelungen waren, gemessen an den Maßstäben der damaligen Zeit, spektakulär und vor allem ohne historisches Vorbild. Sie mussten von den alliierten Gesetzgebern am Reißbrett neu entwickelt werden[18] – und zwar gegen den vehementen Widerstand der sich neu konstituierenden deutschen politischen Institutionen. Auch um diese Widerstände ein wenig abzumildern, entschieden sich die Alliierten jedoch, überaus knappe Anmeldefristen für diese Rückerstattungsbegehren zu verankern. Die letzte dieser Fristen lief am 30. Juni 1950 ab. Wer die Frist versäumt hatte, konnte keine Rückgabe mehr verlangen. Der Zweck dieser Regelung lag vor allen Dingen darin, den Prozess der Rückerstattung so zügig wie möglich abzuschließen.[19] Man wollte schnelle Lösungen finden und dann nach vorne blicken. Dies führte freilich dazu, dass viele ehemalige Verfolgte schon aus praktischen Gründen ihre Ansprüche nicht anmelden konnten – etwa weil sie nicht die Mittel hatten, um in so kurzer Zeit ein entsprechendes Verfahren einzuleiten, ihnen die entsprechenden Unterlagen zum

Nachweis ihres Verlustes fehlten oder aber weil sie schlicht nicht wussten, wo sich die Objekte, deren Herausgabe sie hätten verlangen können, nach dem Krieg befanden. Vielen Opfern fehlte zudem die psychische Kraft, sich nach ihren Verfolgungserfahrungen noch einmal mit der deutschen Bürokratie auseinanderzusetzen.

Gerade dieses Beispiel zeigt daher besonders anschaulich, dass auch die Phase des Umbruchs nach dem Unrechtsregime ihrerseits veränderten moralischen Wertungen unterliegen kann. Was Ende der 1940er Jahre noch ein revolutionärer Akt war, der vielen Beteiligten, vor allem auf deutscher Seite, bereits zu weit ging, wirkt heute, 70 Jahre später, in vielerlei Hinsicht höchst defizitär.[20] Nur aufgrund dieser wahrgenommenen Defizite ist es erklärlich, warum trotz der seinerzeitigen alliierten Bemühungen heute noch so intensiv über die Rückgabe von NS-Raubkunst diskutiert und auch gestritten wird.

Politischer Umbruch mit unklarer Wertung: Das Erbe der Monarchie

Als überaus vielschichtig erweist sich schließlich die Neubewertung des Unrechts in Bezug auf das ehemalige Vermögen des früheren preußischen Herrscherhauses. Denn auf gekonnte Weise werden hier im Grunde zwei verschiedene Ebenen der historischen Geschehnisse miteinander vermischt – Geschehnisse zudem, deren Bewertung in beiden Fällen bis heute keineswegs konsentiert ist.

Ausgangspunkt der Vergleichsverhandlungen ist dabei zunächst der Rechtsstreit vor dem Verwaltungsgericht Potsdam samt der entsprechenden noch nicht abgeschlossenen behördlichen Verfahren, die sich allein auf die Enteignung des ehemaligen Kronprinzen in der sowjetisch besetzten Zone in der Zeit zwischen 1945 und 1949 beziehen. Die Frage, wie die entsprechenden Maßnahmen im historischen Abstand zu bewerten sind, stellte sich erstmals im Rahmen der Wiedervereinigung, als die sozialistische Eigentumsordnung der DDR in die marktwirtschaftliche Ordnung der Bundesrepublik überführt wurde. Die wesentlichen Weichenstellungen wurden dabei im Rahmen des Einigungsprozesses noch von der Volkskammer der DDR vorgenommen – freilich eingebettet in Verhandlungen mit der Bundesrepublik und über den Einigungsvertrag in gesamtdeutsches Recht transformiert.

Dabei entschied man sich damals, die Enteignungen, die in der DDR stattgefunden hatten, im Grundsatz rückabzuwickeln. Für diejenigen Enteignungen, die bereits zuvor zwischen 1945 und 1949 unter sowjetischer Besatzung vollzogen worden waren, schloss man hingegen solche Rückgaben ausdrücklich aus. In welchem Maße diese Einschränkung tatsächlich – wie seinerzeit stark argumentiert wurde – auf der Intervention der russischen Seite in den Verhandlungen zum Zwei-plus-Vier-Vertrag beruhte, ist bis heute historisch umstritten.[21] Jedenfalls hielt man an dieser Unterscheidung sowohl politisch als auch juristisch fest: In den darauffolgenden Jahren bestätigte das Bundesverfassungsgericht mehrfach die Verfassungskonformität der Regelung.[22] Allerdings entschloss sich der bundesdeutsche Gesetzgeber im Jahr 1994 zu einer deutlichen Abmilderung: Für diejenigen Enteignungen, die nicht rückabgewickelt wurden, sollten nun jedenfalls staatliche Entschädigungszahlungen geleistet werden.[23]

Schon hier lässt sich also eine gewisse Ambivalenz in der Bewertung erkennen. Der deutsche Gesetzgeber sah die Enteignungen im Rahmen der Bodenreform nicht als derart schwerwiegendes Unrecht an, dass daraus nach dem Ende des Sozialismus in der DDR zwingend eine Rückgabe hätte folgen müssen – oder jedenfalls ordnete er die Maßnahmen zur Zeit der Besatzung nicht als eigenes Unrecht ein, das in dieser Form durch ihn selbst gutzumachen wäre. Ganz ohne Ausgleich wollte er die Maßnahmen dann aber doch nicht lassen und entschied sich vier Jahre nach der Wiedervereinigung für die Gewährung von Entschädigungszahlungen – und damit wohl für eine weniger unmittelbare und weniger intensive Form der Wiedergutmachung. So unklar wie die Maßstäbe des Gesetzgebers so vielschichtig sind darüber hinaus auch die gesellschaftlichen Unrechtswertungen, die die Vorgänge zwischen 1945 und 1949 betreffen. Die intensiven Debatten, die in der ersten Hälfte der 1990er Jahre zu diesem Thema geführt wurden, legen beredtes Zeugnis davon ab.

Die Besonderheit am Fall der Hohenzollern ist nun, dass sich diese in den aktuellen Rechtsstreitigkeiten verhandelte Frage nach den Nachkriegsenteignungen gleich in zweifacher Hinsicht mit Fragen der Eigentumszuordnung nach dem Ende der Monarchie 1918 vermischt. Das liegt zum einen an der prozeduralen Zusammenfassung beider Themen in den Vergleichsverhandlungen zwischen Hohenzollern, Bund und den Ländern Berlin und Brandenburg. Denn die Verhandlungen schließen ausdrücklich auch die Auseinandersetzung um den Vertrag aus dem Jahr 1926 mit ein, durch den nach der Etablierung der Republik das staatliche vom monarchischen Vermögen getrennt wurde. Zum anderen resultiert die Vermischung aber auch daraus, dass in der Regel überhaupt nur dasjenige Vermögen der Hohenzollern Gegenstand der Enteignungen durch die Bodenreform sein konnte, das ihnen zuvor im Vertrag von 1926 zugesprochen worden war – Schloss Rheinsberg etwa oder die Villa Liegnitz in Potsdam fallen explizit unter den Vertrag.[24] Damit ist die moralische (freilich nicht die juristische) Bewertung der Enteignungen nach 1945 letztlich untrennbar mit der Frage verbunden, für wie legitim man die Eigentumszuordnung an die Hohenzollern im Jahre

1926 hält – und zwar von beiden Seiten. Denn die Uneinigkeit über diese Frage erklärt sowohl die Strategie Georg Friedrich Prinz von Preußens, in die Verhandlungen auch den Vertrag von 1926 mit einzubeziehen, als auch die öffentliche Empörung über die erhobenen Forderungen, die sich prominent etwa in der Volksinitiative «Keine Geschenke den Hohenzollern!»[25] der Brandenburger Linkspartei niederschlägt.

Gesellschaftliche Dezision

Gerade das letztgenannte Beispiel zeigt anschaulich, dass auch im Prozess des Zurückgebens das zugrundeliegende Unrecht keineswegs zeitlos und universal beschrieben werden kann. Die Bewertung historischer Geschehnisse als Unrecht steht nie außer Frage, sie kann nicht das Ergebnis wissenschaftlicher Forschung sein, sondern muss vielmehr immer in gesellschaftlichen Wertdebatten diskutiert und ausgehandelt werden. Dabei können die verschiedenen Ansätze sehr weit auseinanderliegen, wie etwa das Beispiel der Hohenzollern zeigt: Während die Familie die Enteignungen in der sowjetischen Besatzungszone, auch die gesetzgeberische Entscheidung, diese Enteignungen nicht rückgängig zu machen, und wohl auch bestimmte Konsequenzen der Vermögensauseinandersetzung von 1926 als Unrecht einstuft, existiert zumindest in Teilen der Bevölkerung die Überzeugung, dass eher die großzügigen Zuweisungen an das ehemalige Herrscherhaus im Jahr 1926 das eigentliche Unrecht darstellen.[26] Selbst im Hinblick auf die Folgen der nationalsozialistischen Herrschaft besteht zwar mittlerweile in der deutschen Gesellschaft ein sehr weitreichender Konsens darüber, dass es sich um ein schreckliches Unrechtsregime gehandelt hat. Wie aber etwa gerade die Diskussion um die Restitution von Ernst Ludwig

Kirchners «Berliner Straßenszene» gezeigt hat,[27] herrscht über die Konsequenzen, die aus dieser Unrechtswertung für den einzelnen Fall gezogen werden sollen, keineswegs immer gesellschaftliche Einigkeit.

Auch wenn also in den Debatten um das Zurückgeben häufig etwas Anderes suggeriert wird: Über Unrecht muss man sich verständigen, über Unrecht muss man sich manchmal auch streiten. Als gesellschaftlicher Prozess ist diese Auseinandersetzung häufig schmerzhaft. Nur sie kann aber die Basis dafür sein, das Zurückgeben tatsächlich als Akt der Unrechtsaufarbeitung auszugestalten.

IV. Vergangenheit

Doch nicht nur die Bewertung als Unrecht setzt im Prozess des Zurückgebens eine Verständigung voraus. So paradox es zunächst klingt: Um historisches Unrecht wiedergutmachen zu können, muss man sich über die Vergangenheit verständigen. Die reparative Nostalgie und das aus ihr begründete Zurückgeben setzen insofern bereits eine sehr spezifische Form des Umgangs mit der Vergangenheit voraus. Sie knüpfen an das Unrecht der Vergangenheit an, wollen es aber nicht einfach in der Vergangenheit belassen. Vielmehr soll eine Gegenwart geschaffen werden, in der dieses historische Unrecht ausgeglichen ist und sich damit in gewisser Weise auflösen soll. Die Vergangenheit wird so zum Gestaltungselement der Gegenwart gemacht.

Erinnern und Vergessen

Um die Voraussetzungen für einen solchen Umgang mit der Vergangenheit zu schaffen, ist jedoch vor dem Gestalten und Wiedergutmachen noch etwas Anderes, sehr Elementares erforderlich: das Erinnern. Nur durch die Erinnerung an die Vergangenheit kann diese als Ausgangspunkt dafür genommen werden, die Gegenwart umzugestalten. Anders als bei der reflektiven oder der restaurativen Nostalgie, die sich ebenfalls aus der Erinnerung speisen, handelt es sich bei der reparativen Nostalgie allerdings um eine sehr spezielle, vor allem negative Form der Erinnerung. Hier geht es gerade nicht darum, das Gute, Schöne,

Großartige der Vergangenheit in Erinnerung zu behalten. Vielmehr muss umgekehrt das Unrecht der Vergangenheit bewusst ins Gedächtnis gerufen werden. Historisch gesehen ist ein entsprechender kollektiver Wille zum Erinnern des vergangenen Unrechts ein eher unwahrscheinlicher Prozess. Seit der Antike lässt sich vielmehr in den meisten Kulturen die umgekehrte Praxis beobachten, besonders schreckliche und grausame Ereignisse nach einer kurzen Phase der Sanktionierung bewusst dem Vergessen zu übergeben.[1]

Auch dem Recht sind solche Mechanismen des Vergessens gerade im Hinblick auf die Herausgabe von Objekten nur allzu bekannt. Das betrifft insbesondere die Figur der sogenannten Ersitzung, die in Deutschland in § 937 des Bürgerlichen Gesetzbuchs normiert ist. Sie regelt den Fall, dass jemand über längere Zeit ein Objekt wie ein eigenes besitzt, obwohl es eigentlich jemand anderem gehört. Hatte er von den wahren Eigentumsverhältnissen keine Kenntnis und hat er vor ihnen auch nicht bewusst die Augen verschlossen, geht das Eigentum nach zehn Jahren auf ihn über. Das Recht vergisst also nach zehn Jahren, dass es einen anderen Eigentümer gab, und ordnet das Objekt demjenigen zu, der redlicherweise davon ausgeht, Eigentümer zu sein. Tatsächlich dürfte in zahlreichen Fällen von NS-Raubkunst,[2] von kolonialen Kulturgütern sowie von Objekten, die Gegenstand einer Neuverhandlung der monarchischen Vermögensauseinandersetzung des Jahres 1926 sind, eine solche Ersitzung mittlerweile stattgefunden haben.

Weniger ein Vergessen durch das Recht als vielmehr eine Reaktion auf menschliches Vergessen stellen demgegenüber die Mechanismen der Verjährung dar. Mit der Verjährung werden allgemeine Regeln geschaffen, die nach Ablauf einer bestimmten Zeitspanne zwar nicht das Recht als solches ändern, seine Durchsetzung aber verhindern. Voraussetzung dafür ist, dass der Berechtigte die rechtlich vorgesehenen Möglichkeiten zur Durchsetzung seiner Position über eine geraume Zeit hinweg nicht ergriffen hat. Nach Ablauf der Verjährungsfrist muss er sich dann an dieser Untätigkeit festhalten lassen, die zwangsweise Durchsetzung ist dann rechtlich ausgeschlossen. Für Ansprüche, mit denen ein Eigentümer die Rückgabe ihm gehörender Objekte verlangen kann, ist dies im deutschen Recht nach 30 Jahren der Fall.[3] Mit diesen Regelungen soll der Tatsache Rechnung getragen werden, dass es mit zunehmendem Zeitablauf immer schwieriger wird, die rechtlich relevanten Tatsachen eines Streits sicher zu ermitteln und gegebenenfalls auch zu beweisen. Das liegt nicht nur daran, dass etwa Dokumente und andere Nachweise über die Zeit verloren gehen, sondern ist auch dadurch begründet, dass die Beteiligten sich immer schlechter und unzuverlässiger an die eigentlichen Geschehnisse erinnern. Die Bestimmungen über die Verjährung dienen vor diesem Hintergrund im Ergebnis dem Rechtsfrieden und der Rechtssicherheit. Ab einem festgesetzten Punkt soll die Vergangenheit zurückgelassen werden, damit die alten Konflikte nicht unbegrenzt in die Gegenwart hineinwirken können.

Von solchen Vorschriften des Vergessens weichen Normen zur Wiedergutmachung vergangenen Unrechts in aller Regel ab. Dass auch dabei allerdings nicht immer das Erinnern im Vordergrund stehen muss, sondern das Vergessen mitunter auch in gewisser Weise Teil des gestalteten Prozesses sein kann, zeigt eindrucksvoll das Beispiel des alliierten Rückerstattungsrechts, mit dem die Vermögensverschiebungen der nationalsozialistischen Verfolgung rückgängig gemacht werden sollten. Durch die kurzen Anmeldefristen, die den ehemals Verfolgten bzw. ihren Erben gesetzt wurden, und den Ausschluss aller Ansprüche nach Ablauf dieser Fristen wurde hier das Vergessen in die Regeln eingeschrieben.

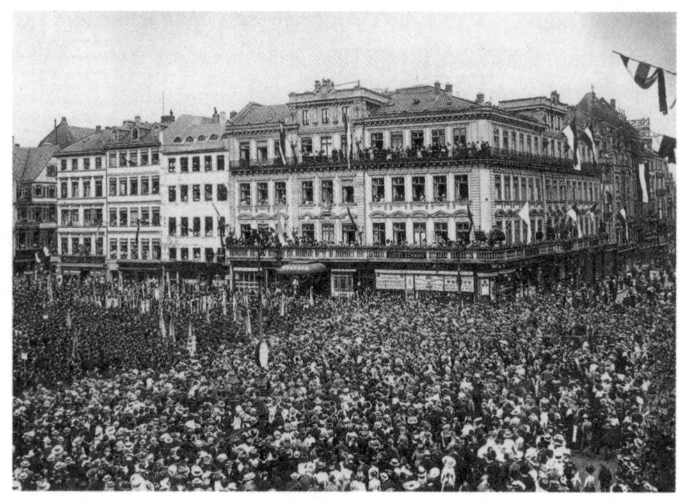

Sedantag in Frankfurt a. M., 1895

In Abkehr von diesen traditionellen Mechanismen, das Vergessen zu organisieren oder jedenfalls seine faktischen Wirkungen zu akzeptieren, hat sich in jüngerer Zeit hingegen die gesellschaftliche Bedeutung des Erinnerns radikal gewandelt. Die Erinnerung ist heute zu einem zentralen Baustein der Gegenwart geworden. Allerdings wird auf sehr unterschiedliche Weise von diesem Baustein Gebrauch gemacht. Aus längeren Traditionslinien nur zu gut bekannt ist ein affirmativer Zugriff, mit dem die Erinnerung zur Erhöhung oder auch zur Überhöhung der eigenen Position, der eigenen Tradition und der eigenen Bedeutung genutzt wird, als positiver Fixpunkt, der den eigenen Standpunkt in der Gegenwart markiert. Heldendenkmäler sind seit jeher Instrumente einer solchen Form des Erinnerns, genau wie öffentliche Feiern zur Erinnerung an vergangene kollektive Erfolge. Der im deutschen Kaiserreich gefeierte Sedantag liefert ein historisches Beispiel für solche Feierlichkeiten.[4] In der zweiten Hälfte des 20. Jahrhunderts sind solche Formen des Erinnerns in Deutschland gleichwohl gesellschaftlich problematisch geworden. Dass dies nicht überall der Fall ist, zeigt etwa das Nachbarland Frankreich, das mit großer Selbstverständlichkeit den Jahrestag des Sturms auf die Bastille am 14. Juli bis heute mit einer großen Militärparade in der Hauptstadt Paris zelebriert.

Als vergleichsweise neues Phänomen zeigt sich demgegenüber die umgekehrte Form der Erinnerung, die nicht die positiven Elemente der Vergangenheit in den Vordergrund stellt, sondern vielmehr die schrecklichen Ereignisse, von der sie sich abzugrenzen sucht. «Nunca más», nie wieder, so lautete der Titel des Abschlussberichts der offiziellen Kommission, die in Argentinien Mitte der 1980er Jahre das Schicksal der in der Militärdiktatur verschwundenen Personen untersuchte.[5] Um genau dieses «nie wieder» geht es heute bei der neueren Form des Erinnerns, die in Abgrenzung von der Vergangenheit aus der Geschichte lernen will, statt sie zu überhöhen.[6] Plakativ gesprochen: An die Stelle des Sedantages am 2. September ist heute in Deutschland nicht nur der Tag der Deutschen Einheit am 3. Oktober, sondern auch der Holocaust-Gedenktag am 27. Januar getreten.[7] Gerade die schrecklichen und furchtbaren Ereignisse der eigenen Geschichte sollen in der Erinnerung wachgehalten werden, statt sie zu vergessen. Mitunter greift diese Bewältigungsform sogar auf Ereignisse der Vergangenheit über, die nicht unmittelbar als Teil der eigenen Geschichte bzw. der eigenen Verantwortung definiert werden. Die Resolution des Bundestages im Jahr 2016, mit der der Völkermord an den Armeniern im Osmanischen Reich verurteilt wurde,[8] liefert dafür ein prägnantes Beispiel.

Gleichzeitig löst diese abgrenzende, schambesetzte Form der Erinnerung gerade in jüngerer Zeit auch wieder deutliche Gegenreaktionen aus. Als «Denkmal der Schande», welches das deutsche «Volk» sich ins «Herz seiner Hauptstadt gepflanzt» habe, bezeichnete etwa der thüringische Landesvorsitzende der AfD,

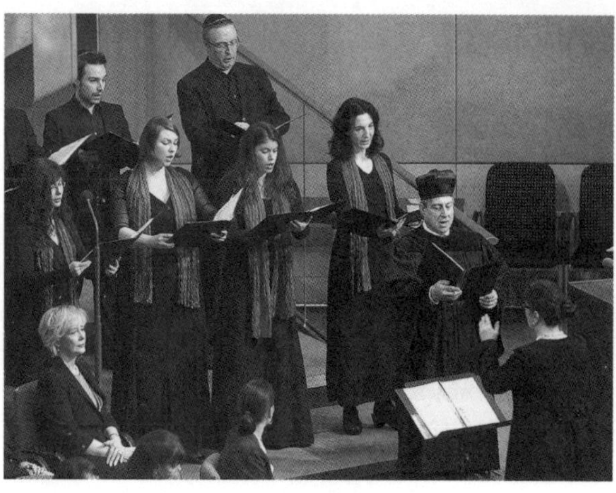

Gedenkstunde des Deutschen Bundestages zum Holocaust-Gedenktag am 30. Januar 2013

Björn Höcke, das Berliner Holocaust-Mahnmal in einer Rede im Januar 2017 und monierte, die deutsche Geschichte werde «mies und lächerlich gemacht».[9] In eine ähnliche Richtung deutete auch die Äußerung des damaligen Bundesvorsitzenden der Partei, Alexander Gauland, Hitler und die Nationalsozialisten seien «nur ein Vogelschiss» in 1000 Jahren deutscher Geschichte.[10] Erinnern und Vergessen werden hier bewusst mit der genau umgekehrten Zielrichtung genutzt, die furchtbaren und unrechtsbelasteten Elemente der eigenen Geschichte zu verdrängen, um die als großartig erkannten historischen Ereignisse besonders hervorzuheben. Hier wird besonders deutlich, wie sehr durch das Erinnern und Vergessen der Vergangenheit auch immer Fragen der kollektiven Identität verhandelt werden.

Identität

Man mag darüber streiten, ob man als Einzelner seiner Vergangenheit entkommen kann, wie sehr das Erlebte die Person unentrinnbar prägt und inwiefern es möglich ist, sich von seiner Geschichte zu lösen und neu zu definieren. Bei Gemeinschaften und der sie verbindenden kollektiven Identität hingegen ist dieser Streit entschieden. Wenn Gemeinschaften sich als zusammengehörig begreifen und diese Zusammengehörigkeit auf einer als gemeinsam definierten Identität beruht, dann kommt diese Identitätsstiftung in aller Regel nicht ohne den Rekurs auf eine gemeinsame Geschichte aus. Diese Geschichte mag in wesentlichen Teilen imaginiert sein, wie Benedict Anderson dies in seiner wegweisenden Studie zu den «imagined communities» dargelegt hat.[11] Das ändert allerdings nichts an ihrer Bedeutung für die Identitätskonstruktionen, denen es nicht um die historische Wahrheit, sondern um eine wahrgenommene Wahrhaftigkeit geht.

Wer über das Zurückgeben die Vergangenheit neu verhandelt, verhandelt damit daher auch wesentliche Fragen kollektiver Identitäten. Solche identitätsbildenden Prozesse können sich dabei zum einen auf der Seite derjenigen abspielen, die nicht zurückgeben, sondern zurückfordern und zurücknehmen. Ein historisches Beispiel dafür ist etwa die Arbeit der Jewish Cultural Reconstruction Inc. In ihr hatten sich im Jahr 1947 die wichtigsten amerikanischen jüdischen Organisationen und Institutionen zusammengeschlossen, um kulturelle Zeugnisse jüdischen Lebens aus Deutschland zu bergen und an jüdische Kultureinrichtungen vor allem außerhalb Europas zu verteilen.[12] Auf diese Weise sollte die jüdische Kultur außerhalb Deutschlands am Leben erhalten und weitergetragen werden.[13] Das Ziel der Arbeit lag also darin, einen Identitätszusammenhang zu wahren, der über den konkreten Gebrauch des Objekts durch das Individuum hinausging und die kollektive Identität des jüdischen Volkes auf gegenständliche Weise auch dann überliefern sollte, wenn die vormaligen Eigentümer ermordet, verstorben oder nicht ermittelbar waren. Ähnliche Beweggründe sind auch in der aktuellen Debatte um die Restitution kolonialer Objekte präsent. Es gehe darum, so wird vorgetragen, die durch die Kolonialisierung «gestohlene Identität zu reparieren».[14]

Auf der Seite derjenigen, die heute Objekte aus den entsprechenden Unrechtszusammenhängen zurückgeben, spielen diese Identitätsfragen eine mindestens genauso zentrale, wenngleich in gewisser Weise zweischneidige Rolle. Denn zum einen wird mit dem Zurückgeben der Umgang mit der eigenen negativen Vergangenheit gerade dazu genutzt, eine neue kollektive Identitätserzählung zu etablieren. Nicht mehr (nur) das Unrecht der Vergangenheit, sondern die Wiedergutmachung der Gegenwart soll das Bild von der eigenen Gemeinschaft prägen. Das Zurückgeben dient somit auch dazu, ein besseres, positiveres Bild von sich selbst zu schaffen.

Andererseits werden durch das Zurückgeben auch deshalb besondere Fragen von Identitätskonstruktionen aufgeworfen, weil es sich bei den Objekten, über deren Rückgabe heute verhandelt und oft auch gestritten wird, auch für die Zurückgebenden um Identitätsstifter handelt. Diese Rolle resultiert häufig bereits daraus, dass es sich bei den Gegenständen um Museumsobjekte handelt. Museen sind nämlich Orte, deren Aufgabe auch darin besteht, Identitätskonstruktionen zu vermitteln. In gewisser Weise dienen sie institutionell der Aufrechterhaltung der Vergangenheit, um aus ihr Selbstbilder für die Gegenwart abzuleiten. Aus diesem Grund stellt es gleichzeitig für die kollektive Identität der betroffenen Gemeinschaft auch eine große Herausforderung dar, wenn Objekte aus Museen aus Gründen der historischen Wiedergutmachung zurückgegeben werden sollen. Denn auf diese Weise werden zwei verschiedene kollektive Identitätskonstruktionen gegeneinander ausgespielt: Auf der einen Seite die neue Identitätserzählung der Wiedergutmachung, die das Zurückgeben des jeweiligen Objekts erfordert, auf der anderen Seite die überkommene Identitätserzählung des Museums, die gerade auf der dortigen Präsenz des Objekts beruht. Vor diesem Hintergrund überrascht es nicht, dass die Kontroversen um das Zurückgeben immer dann besonders groß sind, wenn es um Rückgaben aus Museumsbeständen geht. Die scharfe öffentliche Debatte, die etwa entbrannte, als das Kirchner-Gemälde «Berliner Straßenszene» aus dem Berliner Brücke-Museum restituiert wurde,[15] legt eindrücklich Zeugnis davon ab.

Auf wie komplexe Weise sich solche Identitätserzählungen durch das Zurückgeben nicht nur auf abstrakter, sondern auch auf konkreter, individuelle und kollektive Aspekte vereinender Ebene bewegen können, zeigt anschaulich das Beispiel der Forderungen der Hohenzollern. Da in die Gespräche mit der öffentlichen Hand auch die Vermögensauseinandersetzung aus dem Jahr 1926 einbezogen ist bzw. war, wird hier auf verschlungenen Pfaden letztlich die Frage der Abschaffung der Monarchie und der Errichtung der Republik noch einmal mitverhandelt – und damit ein wesentlicher Aspekt deutscher Geschichte, der wiederum Teil der kollektiven Identitätserzählung im heutigen republikanischen Gemeinwesen ist. Da die Monarchie ihrer Definition nach aber eine «Familienangelegenheit» ist, verbindet sich diese kollektive, abstrakte Ebene automatisch mit der individuellen Erzählung einer konkreten Familie – nämlich der ehemaligen preußisch-deutschen Herrscherfamilie, die durch die Revolution von 1918 ihren monarchischen Status verlor.

Hinzu treten in diesem Fall die Besonderheiten der Entschädigungsforderungen für die Enteignungen in der sowjetisch besetzten Zone. Denn mit ihnen geraten letztlich viele Fragen nach einer kollektiven Identität im Rahmen der deutschen Teilung mittelbar noch einmal in das Scheinwerferlicht. Da sie geographisch auf das Gebiet der späteren DDR beschränkt und inhaltlich eng mit der Errichtung der DDR als sozialistischem Staat verknüpft waren, werfen sie jedenfalls auch die Frage danach auf, wie mit diesem besonderen historischen Erbe des Ostteils des heutigen Deutschlands im Verhältnis zum Gesamtstaat umgegangen werden soll.

Eine letzte Wendung erhält das Thema schließlich dadurch, dass im Rahmen der juristischen Auseinandersetzung um die Entschädigung für diese Enteignungen mittlerweile der Sache nach allein darüber gestritten wird, ob der ehemalige deutsche Kronprinz und Urgroßvater des jetzigen Anspruchstellers Georg Friedrich Prinz von Preußen im juristischen Sinne «dem Nationalsozialismus Vorschub geleistet» hat.[16] Die Frage, inwiefern die eigenen Eltern, Großeltern oder Urgroßeltern in den Nationalsozialismus verstrickt waren, ist dabei ein schwieriges und schmerzhaftes Thema, das in vielen deutschen Familien in den letzten Jahrzehnten als Teil der eigenen Identitätsfindung verhandelt oder eben auch bewusst ausgeblendet wurde. Mit der Auseinandersetzung um die Entschädigung für die Hohenzollern wird dieses Thema nun in besonderer Weise allgemeinhistorisch und gleichzeitig doch für eine einzelne Familie aufgearbeitet. Die Verstrickung von Staatswesen und Familienschicksal, die der Monarchie eignet, tritt hier noch einmal mit voller Wucht zutage und spiegelt sich auch in den verhandelten Identitätsfragen wider.

Imaginieren und Heilen

Dabei arbeitet gerade die (Re-)Konstruktion von Identitäten anhand der Vergangenheit in besonders hohem Maße schlicht mit Imaginationen. Das Bild, das sich eine Gruppe aufgrund der eigenen Vergangenheit von sich selbst macht, ist in erster Linie zunächst einmal eine reine Vorstellung – ein Bild von sich selbst in der Welt. Dieses Bild mag auf der Grundlage der Vergangenheit gemalt werden: Identisch ist es mit ihr bei Weitem nicht.

Das Konzept der Nostalgie beruht in starkem Maße auf solchen positiven Imaginationen der Vergangenheit. Die reflektive Nostalgie, diese Sehnsucht nach der Vergangenheit, die in einem Unmut über die Gegenwart mündet, bezieht sich nur in seltenen Fällen auf eine höchst reale und vollständige Geschichte. In aller Regel ist ihr Bild von der Vergangenheit mindestens selektiv, wenn nicht, weitaus häufiger, in großen Teilen schlicht aus der Gegenwart heraus neu konstruiert. Erst aus einer solchen verschönernden Rekonstruktion ergibt sich oft der negative Vergleich zu der auf latente Ablehnung stoßenden Gegenwart. Nichts Anderes gilt für die restaurative Nostalgie. Das in ihr zum Ausdruck kommende Verlangen, die Vergangenheit für die Gegenwart wiederherzustellen, kann sich immer nur auf eine Imagination beziehen, auf eine Projektion vergangener Umstände auf die Zukunft.

Erwächst aus der restaurativen Nostalgie jedoch der Wunsch nach einem Zurückgeben als Mittel der Wiedergutmachung, wird sie also zu einer Form der reparativen Nostalgie weiterentwickelt, so wird diese Imagination deutlich verschoben. Es geht dann nicht mehr nur um ein Bild von der Vergangenheit, das in die Gegenwart und Zukunft projiziert wird. Vielmehr wird diese Projektion an einer zentralen Stelle gebrochen: Die Vorstellung von dem, was sein soll, wird nämlich nicht mehr nur von der Idee dessen geleitet, was war. Vielmehr wird eine hypothetische Welt imaginiert, in der es das Unrecht der Vergangenheit nicht gegeben hat. Durch das Zurückgeben soll nun dieses hypothetische Bild von der Vergangenheit in die Gegenwart transformiert werden. Die Vergangenheit soll wiederhergestellt werden, aber in einer neuen, besseren, vom Unrecht befreiten Version.

Die Erinnerung sei heutzutage, so hat es der Künstler Jochen Gerz provokant formuliert, «ein Thema, eine Obsession. Oder ganz im Gegenteil eine Angst vor ihrem Fehlen oder Ungenügen». Sie sei «ein Verlangen ohne Gnade, könnte man fast sagen, nach Wiederherstellung geworden. Jeder Verlust ist heute ein Trauma voller Konsequenzen, und ich glaube, dass wir mit dem Trauma nicht länger leben möchten.»[17] Der Wille zur Restitution zeigt in diesem Sinne nicht nur den Wunsch, eine andere, eine bessere Variante der Geschichte zu konstruieren. Vielmehr sollen die Wunden der Vergangenheit, das begangene Unrecht, die vererbte Schuld geheilt werden. Mit jedem Bild, das als NS-Raubkunst an die Erben der früheren Eigentümer zurückgegeben wird, soll ein kleines Stück des im Nationalsozialismus begangenen Unrechts ungeschehen gemacht werden. Mit jedem aus den seinerzeitigen Kolonien geraubten Museumsobjekt, dessen Rückgabe heute von den Herkunftsgesellschaften gefordert wird, sollen auch die Verletzungen und Demütigungen der Kolonialzeit zumindest ein klein wenig abgemildert werden.

Das Verhältnis zur Vergangenheit bleibt damit im Ergebnis ambivalent. Sie ist der Ausgangspunkt, die Grundlage für alle Bestrebungen des Zurückgebens und gleichzeitig doch auch die Gestaltungsmasse, die hier zur Disposition steht. Sie soll erinnert werden, anerkannt, wahrgenommen auch mit ihren schrecklichen Seiten. Da die Erinnerung an das begangene Unrecht schmerzhaft ist und die auf ihr beruhenden Ungerechtigkeiten oft schwer zu ertragen, soll sie gleichzeitig aber auch verwandelt werden. Die Traumata der Vergangenheit sollen bearbeitet und die Geschichte zum Besseren verändert werden. Das Zurückgeben ist ein Mittel, um in diesem höchst komplexen Umgang mit der Vergangenheit die widerstreitenden Intentionen miteinander zu versöhnen.

V.
Objekte

Wem gehören die Schätze des Kaisers? Diese Frage stellte Ende des Jahres 2019 eine Dokumentation im Fernsehsender 3sat, die sich mit den aktuellen Rückgabeforderungen der Hohenzollern auseinandersetzte. Sie ist in gewisser Weise exemplarisch für die Diskussionen, die über das Zurückgeben als Mittel der Wiedergutmachung geführt werden. Nun müssen es nicht immer veritable Schätze sein, die im Zentrum heutiger Restitutionen stehen, selbst wenn es sich um Museumsobjekte handelt. Im Rahmen der Rückgabe von NS-Raubgut etwa sind keineswegs immer nur herausragende Gemälde betroffen; manchmal geht es auch um Objekte wie zwei Leinendamasttücher aus dem 17. Jahrhundert,[1] die zwar kulturhistorisch bedeutsam sein können, aber sicherlich im Museum keine Publikumsmagnete darstellen. Auch die Peitsche und die Bibel von Hendrik Witbooi, die aus dem Linden-Museum nach Namibia zurückgegeben wurden, werden in Stuttgart kaum als Schätze gehandelt worden sein, selbst wenn sie für die Menschen in Namibia von äußerst großer Bedeutung sind. Und die Wappensäule von Cape Cross, deren Rückgabe das Deutsche Historische Museum im Sommer 2019 beschloss, war zwar ohne Zweifel ein imposantes Ausstellungsstück in der Dauerausstellung des Museums – für die Ausstellungskonzeption war sie allerdings nicht von größerer Relevanz. Im Hinblick auf die politische Bereitschaft zur Restitution dürfte dieser Umstand im Übrigen nicht völlig unerheblich gewesen sein.

Auch wenn es somit nicht immer um Schätze geht: Den Kern der Debatte um das Zurückgeben bilden doch in jedem Fall dingliche Objekte, Gegenstände also, die in materieller Form den Besitzer wechseln sollen. Wie entscheidend diese gegenständliche Dimension der reparativen Nostalgie ist, zeigt sich gerade anschaulich am Beispiel der Hohenzollern: Denn die aufgeheizte öffentliche Debatte dreht sich kaum um die Entschädigungssumme von 1,2 Millionen Euro, die als Forderung im Raum stand. Erst das Wohnrecht auf Schloss Cecilienhof, das seitens der Hohenzollern zum Gegenstand der Vergleichsverhandlungen gemacht wurde, löste die erhebliche öffentliche Empörung aus. Und auch im Rahmen der politischen Verhandlungen stehen vor allen Dingen die Museumsobjekte, um deren Zuordnung gestritten wird, im Mittelpunkt des Interesses.

Diese besondere Bedeutung, die den Objekten zukommt, liegt in ihrer physischen Existenz begründet, in ihrer Materialität, die eine direkte Verbindung ermöglicht zur Körperlichkeit des menschlichen Daseins. Dadurch sind die Gegenstände in der Lage, individuelle Erinnerungen genau wie komplexe kulturelle Vorstellungen im Wortsinne zu verkörpern und physisch begreifbar zu machen.

Verkörperung und Repräsentation

Objekte besitzen die geradezu magische Fähigkeit, Imaginationen real werden zu lassen. Mit ihrer physischen Präsenz im Raum, ihrer körperlichen Widerständigkeit, sprechen sie die sinnliche Seite des Menschen in einer Weise an, die Worte allein nicht erreichen können. Objekte lassen sich nicht nur anschauen. Man kann sie berühren, ertasten, ihre Struktur und ihren Geruch erfassen. Selbst dann, wenn – wie bei Museumsobjekten die Regel – die Gegenstände dem direkten Zugriff des Betrachters entzogen sind, gibt ihm doch allein schon die körperliche Präsenz des Gegenstandes die Möglichkeit, all diese sinnlichen Wahrnehmungen mitzudenken.[2]

Gegenstände sind damit in besonderer Weise geeignet, Emotionen hervorzurufen, zu begleiten oder aber auch wiederzubeleben. Dies gilt in gesteigerter Form dann, wenn sie als Erinnerungsobjekte eingesetzt werden. Dienen sie der gegenständlichen Erinnerung an eine bestimmte Person, treten sie in gewisser Weise körperlich an deren Stelle. Eine solche emotional aufgeladene Stellvertreterfunktion können traditionell gerade persönliche Gegenstände geliebter Menschen einnehmen.[3] Die Neigung, durch solche persönlichen Erinnerungsobjekte eine gedankliche und emotionale Verbindung zu einer abwesenden oder verstorbenen Person herzustellen, ist tief in unserer Kultur verankert. Schon bei kleinen Kindern lässt sich beobachten, wie sie sich in der Abwesenheit der Eltern durch ein von ihnen getragenes Kleidungsstück trösten lassen.[4] Auch die verbreitete Tradition, nach dem Tod des Ehepartners dessen Ehering zusammen mit dem eigenen Ring zu tragen, ist ein Beispiel für diese Form der Vergegenwärtigung der Abwesenden durch Objekte, die diesen körperlich nahe waren und von ihnen berührt und getragen worden sind. Gerade als Verbindung zur Vergangenheit sind solche Objekte von zentralem Wert. Denn die Vergangenheit und die zu ihr gehörenden Toten mögen zwar in unserer Erinnerung weiterleben. Aber ohne Erinnerungsobjekte ist es eine immaterielle, gegenstandslose Erinnerung. Sie ist deutlich fragiler und kann die emotionalen Bedürfnisse der Menschen, die als Wesen aus Fleisch und Blut selbst in ihrer eigenen Materialität gefangen sind, nur in deutlich geringerem Maße erfüllen.[5]

Neben dieser individuellen Funktion als Erinnerungsobjekte dienen aber gerade Kulturgüter auch als kollektive Erinnerungsträger. Wenn diese Objekte mitunter als «unsterbliche Seite des Menschen» angesehen werden,[6] so beruht dieser Gedanke darauf, dass die Gegenstände in ihrer dauerhaften materiellen Existenz auch den menschlichen Körper als Element der Gemeinschaft verlängern und über seine physische Existenz hinaus repräsentieren, ihn also in diesem Sinne unsterblich machen. Die Körperlichkeit der Objekte steht hier für eine Dauerhaftigkeit kollektiver Bedeutung, die auch jenseits der vergänglichen menschlichen Existenz gewährleistet werden kann.

Objekte eignen sich daher in einzigartiger Weise als Projektionsflächen, als gegenständliche Repräsentanten von etwas Anderem, das durch sie sichtbar gemacht werden soll. Dieses Andere kann einerseits eine abwesende Person sein oder auch eine Gruppe von Personen, die durch das Objekt repräsentiert werden. Es ist andererseits aber auch möglich, dass weniger konkrete Personen oder Personengruppen als vielmehr sehr umfassende kulturelle Vorstellungen durch ein Objekt verkörpert werden sollen. Durch seine äußerlich stabile Form, die greifbar bleibt, ganz unabhängig davon, welche Projektionen mit ihm verbunden werden, ist das Objekt in dieser Repräsentationsfunktion daher überaus wandelbar.

Wie unterschiedlich die mit den Objekten verknüpften Repräsentationsvorstellungen dabei sein können, zeigt anschaulich der Vergleich zwischen der Rückgabe von NS-Raubkunst und derjenigen von Objekten aus kolonialem Kontext. Bei den Objekten, die heute als Wiedergutmachung für das nationalsozialistische Unrecht zurückgegeben werden, steht in aller Regel ausschließlich ihre Bedeutung als dingliche Zeugen der historischen Gewalt im Vordergrund. Sie repräsentieren die rassische Verfolgung, der ihre früheren Eigentümer ausgesetzt waren, und stehen in einem weiteren Sinne insgesamt als Symbole für die nationalsozialistische Vernichtungspolitik. «Hinter jedem geraubten Objekt lauert die ganze Geschichte des Holocaust»,[7] so lässt sich diese Vorstellung etwas pathetisch fassen.

Darüber hinaus besitzen viele Objekte der NS-Raubkunst eine weitere Bedeutungs- und Symbolebene als wichtige kulturelle Werke ihrer Zeit. Gerade diese Bedeutungsebene ist es, die oft erst die Konflikte in der Diskussion um die Rückgabe aufbrechen lässt. Als herausragende Kulturgüter stehen die Artefakte nämlich häufig gerade für die beschriebene «unsterbliche Seite» der Menschen – und zwar auch aus der Sicht derjenigen, die die Gegenstände zurückgeben. Mit der Restitution wird damit – höchst symbolisch gesprochen – in gewisser Weise auch diese eigene Unsterblichkeit aufgegeben, was in vielerlei Hinsicht schmerzhaft wirken muss.

Eine Repräsentationsfunktion gerade für die jüdische Kultur, d. h. für diejenige Gemeinschaft, an der das wiedergutzumachende Unrecht begangen wurde, besitzen die zurückzugebenden Objekte heute hingegen in aller Regel gerade nicht: Die von den Nationalsozialisten geraubten oder sonst «arisierten» Kunstwerke, um deren Restitution heute noch gestritten wird, unterscheiden sich von anderen Artefakten auf dem seinerzeitigen Kunstmarkt in den allermeisten Fällen in keiner Weise. In der Zeit unmittelbar nach dem Zweiten Weltkrieg war dies noch anders: Die Arbeit der Jewish Cultural Reconstruction war gerade darauf gerichtet, spezifisch als jüdisch identifizierte Kulturgüter, d. h. vor allen Dingen Bücher, Zeitschriften und religiöse Ritualgegenstände, zu bergen, herauszuverlangen und an jüdische Einrichtungen in der ganzen Welt zu verteilen. Dieses Projekt wurde jedoch wenige Jahre nach dem Krieg endgültig abgeschlossen. Eine Neuauflage erfolgte weder nach der deutschen Wiedervereinigung noch im Zusammenhang mit der Washingtoner Konferenz im Jahr 1998.

Ganz anders stellt sich die Situation hingegen für die Objekte aus kolonialem Kontext dar, und zwar gleich in mehrfacher Hinsicht. Bereits die historische Erzählung der kolonialen Gewalt, welche die Objekte letztlich nach Europa gebracht hat, ist keineswegs so stabil und eindeutig im kollektiven Gedächtnis Mitteleuropas verankert, wie es die Shoah heute ist. Aus diesem Grund ist die Repräsentationsfunktion, die Objekte aus kolonialem Kontext in Bezug auf das Unrecht des Kolonialismus haben, in deutlich größerem Maße prekär, als dies bei NS-Raubkunst der Fall ist.

Umgekehrt besitzen diese Objekte aber in aller Regel gerade keine derart herausgehobene Symbolkraft als kulturelle Errungenschaften der eigenen Gesellschaft, wie dies etwa bei Werken der klassischen Moderne zu beobachten ist, die im Rahmen der nationalsozialistischen Verfolgungspolitik geraubt wurden. Im spezifischen Rahmen der heutigen Museen, die oft aus den Völkerkundemuseen der Kaiserzeit hervorgegangen sind, handelt es sich bei den meisten kolonialen Objekten zweifelsohne um wertvolle Artefakte, die im Sammlungskontext auch oft eine wichtige Rolle spielen. Gerade weil sie jedenfalls im Ausgangspunkt in der Tradition der Völkerkundemuseen dezidiert das «Fremde», nicht das «Eigene» symbolisiert haben, dienen sie bisher aber eben nicht als Identitätsmittler für die Gesellschaften, in denen sie nun ausgestellt sind. Die Peitsche von Hendrik Witbooi mag in Namibia von überwältigender kultureller Bedeutung sein. Als «unsterbliche Seite des Menschen» wird sie in Stuttgart allerdings kaum angesehen werden. Diese fehlende Repräsentationsfunktion für die eigene Kultur wird nicht zuletzt auch dadurch unterstrichen, dass in zahlreichen Museen des globalen Nordens die Sammlungsbestände aus kolonialem Kontext bis heute nur unvollständig oder ungenau katalogisiert sind und der Erhaltungszustand der Objekte mitunter bedenklich ist.[8] Die Symbolkraft in den zurückgebenden Gesellschaften bleibt damit auf dieser Ebene meist abstrakt und resultiert weniger aus konkreten Eigenschaften des Objekts als vielmehr aus dem Umstand, überhaupt ein «Museumsobjekt» zu sein. Damit partizipieren die Objekte in diesem Zusammenhang eher an der institutionellen Symbolfunktion des Museums als eine eigenständige, individuelle Symbolfunktion zu entwickeln.

Im Gegensatz zu dieser eindimensionalen symbolischen Bedeutung in den Gesellschaften der ehemaligen Kolonisatoren besitzen die Objekte in den Gesellschaften, aus denen sie ursprünglich stammen, in aller Regel eine substantiell eigenständige, im Objekt eingeschriebene kulturelle Bedeutung. Damit unterscheiden sie sich zentral von den Gegenständen, die heute als NS-Raubgut zurückgegeben werden. Denn die kolonialen Objekte repräsentieren in aller Regel unterschiedliche Elemente der Gesellschaften, aus denen sie stammen. Solche Repräsentationsbeziehungen können einen religiösen bzw. spirituellen Ursprung haben, sie können von allgemeiner kultureller Bedeutung sein oder aber auch, wie bei Bibel und Peitsche von Hendrik Witbooi, für eine konkrete historisch bedeutsame Person stehen. In besonderen Fällen, wie bei der Wappensäule von Cape Cross, kann die historische Bedeutung des Objekts auch im Bezug auf die koloniale Vergangenheit selbst liegen. Die Säule war ursprünglich im 15. Jahrhundert von portugiesischen Seefahrern an der Küste des heutigen Namibia aufgestellt worden. Ende des 19. Jahrhunderts entfernte die deutsche Marine im Rahmen der kolonialen Expansion die Säule und verbrachte sie nach Deutschland, wo sie zunächst in Kiel, später in Berlin ausgestellt wurde. Für die Gesellschaft(en) in Namibia muss sie daher in erster Linie als Symbol für die europäische Fremdbestimmung und Kolonialherrschaft stehen. Nichtsdestotrotz wurde die Säule aber gerade auch in dieser Eigenschaft vom namibischen Staat zurückgefordert und schließlich von der Bundesrepublik Deutschland zurückgegeben. Sie ist damit geradezu ein Paradebeispiel für die materielle Ausprägung einer «entangled history».[9]

Diese im Objekt verwobene Geschichte macht deutlich, dass die Ebene der symbolischen Bedeutung und Repräsentation bei materiellen Objekten keineswegs eindimensional sein muss. Ganz im Gegenteil: Durch die Körperlichkeit des Objekts lassen sich unterschiedliche Symbol- und Repräsentationsfunktionen mit ihm verbinden, ohne dass dafür der Gegenstand selbst in seiner Materialität verändert werden müsste. Da das Objekt eine Existenz auch jenseits seiner sprachlichen Vermittlung besitzt, muss über seine Bedeutung kein kommunikativer Konsens gefunden werden, um es zum Gegenstand einer Rückgabe zu machen. Jeder am Rückgabeprozess Beteiligte kann vielmehr zu ganz anderen Urteilen, Bewertungen und Vorstellungen kommen, ohne sich dabei vom Objekt selbst zu entfernen.[10] Auf diese Weise können sich im Prozess des Zurückgebens die Bedeutungsebenen auf der Seite der Zurückgebenden und der Zurücknehmenden diametral unterscheiden: Was im Stuttgarter Linden-Museum eine relativ beliebige Peitsche ist, die symbolisch für das einfache Leben der ehemals kolonialisierten Bevölkerung stand, kann zur gleichen Zeit für die Menschen in Namibia ein körperliches Symbol für einen Nationalhelden sein.

Gerade aufgrund dieser kulturellen Mehrdeutigkeit des Objekts im Prozess des Zurückgebens ist der Fall der Rückgabeforderungen des «Hauses Hohenzollern» im Vergleich interessant, weil er sich diesbezüglich deutlich von den Beispielen der NS-Raubkunst und der Objekte aus kolonialem Kontext unterscheidet. Schon die Symbolfunktion im Hinblick auf das begangene Unrecht ist hier im Grunde nicht existent, da sehr verschiedene historische Ereignisse argumentativ miteinander vermischt werden, deren Bewertung als Unrecht keineswegs konsentiert ist. So stehen als historische Anknüpfungspunkte sowohl die Revolution von 1918 als auch der Vertrag zur Vermögensauseinandersetzung von 1926 im Raum. Man kann nur darüber spekulieren, ob von Seiten der Hohenzollern die Revolution tatsächlich als Unrecht angesehen wird – eine öffentlich kommunizierbare Position wäre dies jedenfalls nicht. Und auch die im Jahr 1926 abgeschlossene Vermögensauseinandersetzung wird bisher von keiner Seite als Unrecht qualifiziert, auch wenn auf der einen Seite durch die Forderung der Hohenzollern nach einem Wohnrecht auf Schloss Cecilienhof die damalige Einigung noch einmal zu ihren Gunsten aufgeschnürt werden soll, während andererseits in der öffentlichen Debatte sowie der wissenschaftlichen Bewertung heute eher die Ansicht vorherrscht, dass dieser Vergleich ohnehin für die Hohenzollern seinerzeit recht großzügig ausfiel.[11]

Sofern hingegen nicht die Geschehnisse nach der Revolution, sondern die Enteignungen in der sowjetisch besetzten Zone im Mittelpunkt der Rückgabeverhandlungen stehen, ist schon die symbolprägende rechtliche Bewertung des Vorgangs ambivalent, da der Gesetzgeber sich gerade dagegen entschieden hat, diese Maßnahmen als eigenes Unrecht einzuordnen, das durch Rückabwicklung wiedergutzumachen wäre. Vielmehr wurde im Grundsatz nur eine finanzielle Entschädigung vorgesehen, lediglich für das ehemalige Inventar der enteigneten Immobilien gilt eine Ausnahme. Auch diese gesetzgeberische Entscheidung wird von den Hohenzollern nun durch die Forderung nach einem Wohnrecht in gewisser Weise in Frage gestellt, da sie für sich eine Rechtsposition an Immobilien einfordern, die anderen Enteigneten durch den Gesetzgeber gerade versagt wurde. Die Frage nach dem Unrecht, das wiedergutzumachen wäre, bleibt auf diese Weise vage, weil bezogen auf dieselben Objekte verschiedene historische Ereignisse mit unterschiedlicher Unrechtsbewertung in einen Verhandlungskontext zusammengezogen werden, so dass es keinen klar definierten, singulären

Unrechtszusammenhang gibt, der den Objekten gegenständlich anhaften bzw. auf sie projiziert werden kann.

Damit unterscheiden sich die in der Auseinandersetzung mit den Hohenzollern zurückgeforderten Objekte von den anderen zu restituierenden Gegenständen durch das Fehlen einer spezifischen Repräsentationsfunktion. Denn während bei NS-Raubgut die besondere Qualität des Objekts durch das im Gegenstand verkörperte Unrecht des Nationalsozialismus konstituiert wird, während bei Objekten aus kolonialem Kontext diese Dimension noch angereichert wird durch eine überkommene Unterscheidung zwischen kulturell «Eigenem» und «Fremdem», die sich in den Objekten widerspiegelt, fehlt es im Fall der Hohenzollern für die zurückverlangten Gegenstände an einem Unterscheidungsmerkmal, das mit der Rückgabe in Zusammenhang steht und die Gegenstände von anderen Objekten unterscheiden würde. Es handelt sich vielmehr vor allen Dingen um Objekte, die sich durch ihre Herkunft als ehemaliges Eigentum des Königs- und Kaiserhauses auszeichnen.

Eine besondere Repräsentationsfunktion könnte den Gegenständen daher allenfalls im Hinblick darauf zukommen, dass sie eine in der Monarchie begründete Doppelfunktion aufweisen: Sie sind einerseits historische Objekte, die im engen Zusammenhang mit der Aufgabe staatlicher Selbstdarstellung stehen,[12] andererseits aber – gerade aufgrund des Vertrags aus dem Jahr 1926 – auch privat zugeordnetes Vermögen, das in gewisser Weise für die Geschichte der Familie von Preußen steht. Auf eigentumsrechtlicher Ebene ist die Zuordnung in den privaten Bereich unabdingbare Voraussetzung dafür, dass überhaupt Rückgabe- und Entschädigungsansprüche geltend gemacht werden können. Auf symbolischer Ebene hingegen ist eine solche Verschiebung ins Private unmöglich. Die Besonderheit bei diesen monarchischen Objekten besteht nämlich gerade darin, dass sich

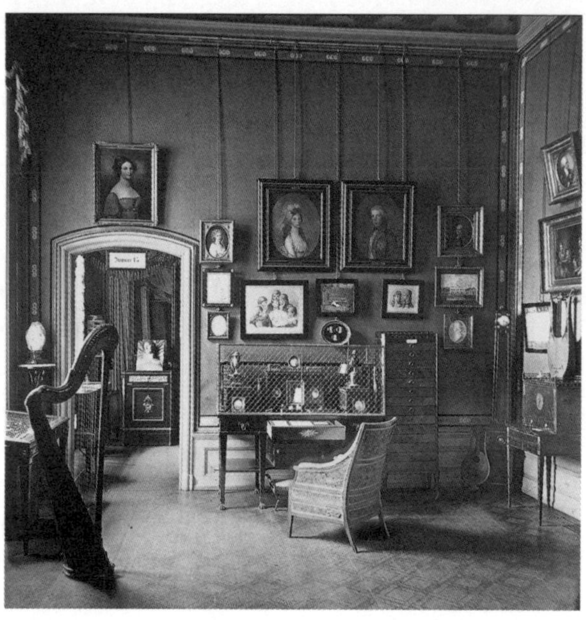

Innenansicht Schloss Monbijou, Hohenzollernmuseum, Zimmer der Königin Luise, um 1900

die allgemeine politische Geschichte des Landes und die Familiengeschichte nicht voneinander trennen lassen. Monarchie ist «family business». Das macht gerade ihren Wesenskern als Herrschaftsform aus.

Zwar gibt es auch in der Monarchie eine Privatsphäre des Herrschers als Person, einen Bereich, der tatsächlich von seiner öffentlichen Funktion getrennt ist und ausschließlich seinem «Menschsein» zugeordnet werden muss. Allerdings ist diese Grenze nicht starr und objektiv, sondern wird vielmehr von den jeweils Betroffenen selbst definiert und durchgesetzt. Ein anschauliches Beispiel dafür bietet das Hohenzollernmuseum, das im Berliner Schloss Monbijou 1877 als Privatmuseum der kaiserlichen Familie eingerichtet wurde und – gestützt auf den Vertrag zur Vermögensauseinandersetzung von 1926 – auch in der Weimarer Republik derart weiterbetrieben wurde, dass die Exponate im Eigentum der ehemaligen Herrscherfamilie standen, die Verantwortung für das Museum aber der öffentlichen Hand oblag. Das Schloss wurde im Zweiten Weltkrieg zerstört, das zuvor zum großen Teil ausgelagerte Inventar wurde später auf verschiedene andere kulturelle Einrichtungen verteilt. Diese Objekte dürften jedenfalls in Teilen Gegenstand der Verhandlungen sein.[13] Zumindest in den ursprünglichen Beständen des Museums befanden sich dabei auch solche Gegenstände, die jenseits des musealen Zusammenhangs zweifelsohne als höchst privat angesehen worden wären: Babyschuhe, Spielsachen, Strumpfbänder, Kleider oder selbstbemalte Ostereier.[14] Die Ausstellung dieser privaten Gegenstände sollte dazu dienen, der Monarchie ein persönliches Antlitz zu verleihen, die Monarchen den Untertanen emotional näherzubringen und damit letztlich die Monarchie als Herrschaftsform zu stabilisieren. Auf materieller Ebene war der Zweck des Museums also etwa vergleichbar mit dem, was heute der Instagram-Account der britischen Königsfamilie leistet.[15]

Die Entscheidung, einen solchen persönlichen Gegenstand in den Museumsbestand aufzunehmen, transformierte ihn zu einem quasi öffentlichen Gegenstand, stattete ihn mit einer Repräsentationsfunktion aus und machte ihn zu einem Symbol für die Monarchie.[16] Es war also die eigene Entscheidung der Monarchenfamilie, den Status der Objekte von persönlichen Gegenständen zu historisch bedeutsamen Artefakten zu verschieben. Ist diese Grenze aber einmal überschritten, verliert ein Gegenstand seine Bedeutung für den höchstpersönlichen Bereich. Eine Doppelfunktion, die im Prozess des Zurückgebens eine wesentliche Unterscheidung des Objekts markieren würde, kommt den Artefakten im Fall der Hohenzollern deshalb nicht zu.

Subjektivierung und Projektion

Diese Repräsentationsfunktion der Objekte wird ergänzt durch eine weitere Dimension der Gegenstände, welche diese Form der Zuschreibung in gewisser Weise weiterentwickelt und auf die Spitze treibt. Denn zunehmend werden die Kulturgüter, über deren Rückgabe verhandelt wird, heute selbst als Subjekte im Rückgabeprozess inszeniert.[17] Erste Ansätze für eine entsprechende Darstellung finden sich schon in der Endphase des Zweiten Weltkriegs, in der die «Monuments Men», die Kunstschutzoffiziere der amerikanischen Armee, ihre Arbeit als ein «Erretten» der von ihnen geborgenen Kunstwerke beschrieben.[18] Sie setzte sich – freilich auf ganz andere Weise – später fort durch die Arbeit der Trophäenbrigaden der Roten Armee, die im und nach dem Zweiten Weltkrieg Kulturgüter aus Deutschland nach Russland verbrachten. Als diese Ende der 1950er Jahre in kleinen Teilen an die DDR restituiert wurden, feierte man dies mit einer Ost-Berliner Ausstellung unter dem Titel «Schätze der Weltkultur von der Sowjetunion gerettet».[19]

Auch in den frühen postkolonialen Auseinandersetzungen um die Rückgabe von Kulturgütern an ihre Herkunftsländer des «Globalen Südens» lassen sich bereits entsprechende Trends zur rhetorischen Subjektivierung erkennen. Der in den 1980er Jahren in Buchform erschienene Appell «Nofretete will nach Hause»[20] brachte diese Entwicklung eindringlich auf den Punkt. Heute finden sich sehr deutliche Formulierungen eines subjektiven Opferstatus' spezifisch von NS-Raubkunst vor allem in der amerikanischen Debatte, wenn dort die noch nicht restituierten Kunstwerke häufig als «last prisoners of war», die letzten Kriegsgefangenen des Zweiten Weltkriegs, bezeichnet werden.[21] Doch auch jenseits dieser kriegsbezogenen Rhetorik existieren entsprechende Einschätzungen: Ähnlich wie bei Kindern in schwierigen Scheidungs- und Sorgerechtsstreitigkeiten wird in diesem Sinne etwa eingewandt, dass die Kunstwerke die «wehrlosen Opfer der heutigen Rechtsstreitigkeiten» seien.[22]

Die Repräsentationsfunktion des Objekts wird auf diese Weise deutlich modifiziert. Es wirkt nicht mehr als Medium, mithilfe dessen Identität zugeschrieben und verhandelt wird, sondern vielmehr als Träger einer eigenständigen Identität. Dies ermöglicht es, den Identitätsdiskurs der anderen beteiligten Akteure in gewisser Weise zu entlasten, da sie sich nun in Relation zum Kulturgut definieren können. Insbesondere derjenige, der zurückgibt, muss sich so nicht mehr in erster Linie als Nachfahre oder Nachfolger der Täter des historischen Unrechts begreifen, sondern kann seine Rolle vielmehr darin sehen, das Objekt an die ursprünglichen Eigentümer bzw. deren Nachfolger zurückzuführen. Die Projektion auf das Objekt ermöglicht es insofern, die eigene Stellung in den Hintergrund treten und vielleicht sogar ganz aus der Diskussion verschwinden zu lassen.[23]

Gleichzeitig macht die Subjektivierung im Übrigen auch die Leerstelle deutlich, die deshalb in dieser Form der Vergangenheitsbearbeitung klafft, weil es sich heute im Wesentlichen um Erinnerungsarbeit ohne Zeitzeugen handelt. Durch die Restitution soll eine Wiedergutmachung geleistet werden, die die eigentlichen Opfer des begangenen Unrechts nicht mehr erreichen kann. Für das Unrecht des Kolonialismus ist das – jedenfalls für Deutschland – aufgrund des Zeitabstands zur Kolonialzeit evident. Doch selbst die Aufarbeitung des nationalsozialistischen Unrechts muss zunehmend ohne das Zeugnis der Zeitgenossen auskommen. Die heute noch lebenden Opfer waren in der Zeit des Nationalsozialismus noch Kinder, in seltenen Fällen junge Erwachsene. Nicht ihnen, sondern ihren Eltern, Großeltern, Onkeln oder Tanten wurden die Kulturgüter geraubt, die heute restituiert werden. Dass den eigentlichen Opfern des historischen Unrechts keine Wiedergutmachung mehr zuteilwerden kann, ist eine der großen, unentrinnbaren Tragödien, die in der heutigen Restitution zutage treten. Wenn dieses Fehlen der Subjekte in gewisser Weise dadurch überspielt wird, dass die Objekte selbst zu Subjekten gemacht und an die Stelle der Verfolgten gesetzt werden, so liegt darin auch der Versuch, dieser Tragödie zu entgehen.

Wie sehr diese Idee der Subjektivierung tatsächlich nur über eine Projektion der historischen Opfer auf die Objekte zu verstehen ist, wie eng und untrennbar sie also mit einer gewissen Vorstellung historischen Unrechts verknüpft ist, zeigt im Übrigen anschaulich das Beispiel der Hohenzollern. Eine Subjektivierung der Objekte spielt im Zusammenhang mit den hier erhobenen Restitutionsforderungen praktisch keine Rolle. Die «Schätze des Kaisers», um die so plakativ gestritten wird, sind eben genau das: Es sind Schätze, Objekte, keine Stellvertreter für Personen. Wenn hier überhaupt eine Projektion erfolgt, dann betrifft sie eher die Menschen als die Objekte: Der Glanz des Kaisers wird auch mehr als 100 Jahre nach seiner Abdankung noch auf seinen Ururenkel projiziert. Georg Friedrich Prinz von Preußen, der die Kulturgüter heute für sich beansprucht, steht in diesem Sinne dann auch für den letzten deutschen Monarchen.[24] Die Objekte werden von dieser Projektion hingegen nicht erfasst. Es ist in gewisser Weise die Fortsetzung der Monarchie mit den Mitteln der Restitution, die hier ins Auge springt: In einer quasi-dynastischen Logik verschmilzt der älteste männliche Nachkomme in gerader Linie, der hypothetische Thronfolger in einer imaginär fortgesetzten deutschen Monarchie, mit dem historischen Kaiser vor seiner Abdankung. Die Verbindungslinie der zur Fiktion gewordenen deutschen Kaiserkrone setzt Ururgroßvater und Ururenkel so stark in eins, dass alle anderen Nachfahren dahinter zurückstehen. Die Objekte dienen in dieser Konstruktion eher dazu, diese fiktive Verbindungslinie zwischen den Personen zu stärken. An die Stelle der Personen treten sie aber nicht.

Das Beispiel der Hohenzollern zeigt daher besonders deutlich, in wie starkem Maße die besondere Subjektivierung des Objekts mit der Vorstellung von konkreten Opfern bzw. Überlebenden des historischen Unrechts verbunden ist.[25] Die Gegenstände können im Prozess des Zurückgebens nämlich nur dann belebt werden, wenn an ihnen das an konkreten Personen verübte Unrecht anschaulich gemacht werden kann. An einer entsprechenden klaren Unrechtsgeschichte, die die Objekte zu Stellvertretern der Opfer machen könnte, fehlt es aber gerade hier. Das liegt zum einen an der uneindeutigen Bewertung der zugrundeliegenden historischen Umstände, die eben keine konsentierte Unrechtsgeschichte entstehen lässt. Zum anderen ist dafür aber auch die kollidierende historische Erzählung der Anspruchsteller verantwortlich, die vielleicht nicht immer offen zutage tritt, unterschwellig aber den gesamten Prozess mitbestimmt. Denn vieles an den Ansprüchen, die Georg Friedrich Prinz von Preußen heute stellt, beruht am Ende eben doch auf seiner Stellung als ältester männlicher Nachfahre des ehemaligen deutschen Kaisers oder, wie er sich selbst nennt, als «Chef des Hauses Hohenzollern».[26] Die monarchischen Vorstellungen von Macht und Autorität, die hier noch mitschwingen, lassen sich mit einer Selbstbeschreibung als Opfer schlicht nicht in Einklang bringen.

Es ist aber nicht nur diese besondere Konstellation einer fehlenden Opfererzählung, die zu der Subjektivierung der Objekte in einem Spannungsverhältnis stehen kann. Unter ganz anderen Vorzeichen kann auch dadurch ein Konflikt entstehen, dass verschiedene Subjektivierungsvorstellungen miteinander kollidieren. Dies betrifft vor allen Dingen Objekte aus kolonialem Kontext. Auch hier ist die Subjektivierung des Objekts mithilfe einer entsprechenden Opfererzählung besonders geeignet, die Dringlichkeit der Restitutionsforderungen zu unterstreichen. Der schon vor fast vierzig Jahren erhobene moralische Appell, Nofretete wolle nach Hause, zeigt dies anschaulich. Gleichzeitig besteht hier aber die Besonderheit, dass im überaus vielgestaltigen Bereich kolonialer Objekte auch solche Beispiele existieren, bei denen die Subjektivierung nicht erst über den Opferstatus hergestellt wird, sondern bereits in der ursprünglichen Objektbedeutung in der Herkunftsgesellschaft angelegt war. Während aus europäischer Sicht, aus der Sicht der Kolonisatoren, die Objekte hier nie etwas Anderes als Gegenstände waren, wurden sie in ihren Herkunftsgesellschaften zum Teil immer schon und mitunter auch heute noch von Geistern bewohnt – Geistern, die nach Europa gebracht wurden und jetzt vielleicht nach Hause zurückkehren können.[27] Sind diese Geister nun selbst Opfer des Kolonialismus geworden? Oder beleidigt man sie und die ihnen innewohnende Macht womöglich – vielleicht ähnlich wie bei den Hohenzollern –, wenn man sie als Opfer deklariert? Die Antworten auf diese Fragen können unterschiedlich ausfallen und müssen für jeden Gegenstand individuell gefunden werden. Und manchmal mögen sie weit von dem entfernt sein, was eine europäische Fremdperspektive imaginiert.

Besitzen und Loswerden

Es sind Bilder des «Nach-Hause-Kommens», der Befreiung, der Rückkehr, die die Subjektivierung der Restitutionsobjekte in diesem Zusammenhang aufscheinen lässt. Im Mittelpunkt der Betrachtung steht dabei der große Moment, in dem die Objekte ihren jetzigen Platz verlassen und wieder an ihren ursprünglichen Ort zurückgelangen. Die Materialität der Objekte hinterlässt ihre Spuren aber nicht erst in diesem letzten Schritt, wenn die Gegenstände zu wandern beginnen. Denn schon vorher handelt es sich um Objekte, die nicht für sich alleine stehen, sondern in ein vielfältiges Netz von Beziehungen verstrickt sind. Die wichtigste dieser Beziehungen ist dabei die des Besitzens. Ein Gegenstand kann nur dann zurückgegeben werden, wenn er zuvor besessen wird, wenn es also eine Person (oder jedenfalls eine Institution) gibt, die tatsächlich die Verfügungsgewalt über das Objekt innehat.

Dieses Besitzen kann eine Vielzahl möglicher Bedeutungen annehmen. Bei den meisten Objekten, die heute restituiert werden, wird es zunächst als etwas Wertvolles, etwas zu Schützendes begriffen – nur deshalb wird überhaupt über das Zurückgeben gestritten. Besonders deutlich wird dies bei denjenigen Gegenständen, die sich in den Beständen von Museen befinden. Sie zu haben, sie anschauen und zeigen zu können wird als so besonders begriffen, dass man den Objekten eine ganze Institution widmet, die nur ihrer Erfassung, Erhaltung und Präsentation dient.

Gerade weil die Bedeutung der Objekte in dieser Dimension aber so aufgeladen ist, wird das Behalten umso schwieriger, sobald mit dem Gegenstand eine negative Erzählung in Form einer Unrechtsgeschichte verbunden ist. Der Stolz des Besitzens kann sich so im schlechtesten Fall zum Wunsch nach einem Loswerden wandeln: Das Zurückgeben ist dann auch ein Akt der Befreiung von einem Objekt, mit dessen unrechtsbehafteter Vergangenheit man sich nicht mehr auseinandersetzen möchte.[28] Besonders drastisch wurde dieser Vorgang vor einiger Zeit vom aus Kamerun stammenden Postkolonialismustheoretiker Achille Mbembe beschrieben, der die Situation kolonialer Objekte mit derjenigen afrikanischer Migranten in Europa verglich und provokant fragte, ob wir wirklich in einer Welt leben wollen, in der jeder und alles wieder nach Hause zurückmuss.[29] Aus dieser Perspektive ist das Zurückgeben immer auch der Abbruch einer Beziehung. Durch die Restitution endet die Auseinandersetzung mit dem Objekt.

Wie radikal sich ein solcher Wechsel vom Besitzen zum Loswerden vollziehen kann, zeigt ein Beispiel aus dem Arbeitszimmer von Bundeskanzlerin Angela Merkel. Bis zum Frühjahr 2019 hingen dort zwei Gemälde von Emil Nolde: «Brecher» aus dem Jahr 1936 und «Blumengarten (Thersens Haus)» aus dem Jahr 1915. Es handelte sich um Leihgaben der Stiftung Preußischer Kulturbesitz, die schon Helmut Schmidt in seiner Zeit im Kanzleramt ausgesucht hatte. Anfang des Jahres 2019 bat die Stiftung darum, den «Brecher» für mehrere Monate zurückzuerhalten: Er sollte in der Ausstellung «Emil Nolde – Eine deutsche Legende. Der Künstler im Nationalsozialismus» zu sehen sein, die zwischen April und September 2019 im Hamburger Bahnhof in Berlin gezeigt wurde. Ziel der groß angelegten Schau war eine kritische Auseinandersetzung mit dem Künstler, der einerseits als Vertreter «entarteter Kunst» im Nationalsozialismus mit einem Berufsverbot belegt wurde, gleichzeitig aber NS-Parteimitglied war und bis zum Ende des Zweiten Weltkriegs den Glauben an das nationalsozialistische Regime nicht verlor. Diesen kritischen Blick auf den Künstler, der seine Unterstützung des NS-Regimes genauso offenlegte wie seinen überzeugten Antisemitismus, nahm Angela Merkel zum Anlass, um nicht nur das angefragte Gemälde, sondern gleich beide Nolde-Bilder an die Stiftung zurückzugeben – und auf die Leihgabe dauerhaft zu verzichten.

Um die beiden Gemälde im Büro der Kanzlerin zu ersetzen, schlug die Stiftung Preußischer Kulturbesitz vor, zwei Gemälde des Expressionisten Karl Schmidt-Rottluff auszuleihen, eines anderen Künstlers also, dessen Kunst von den Nationalsozialisten

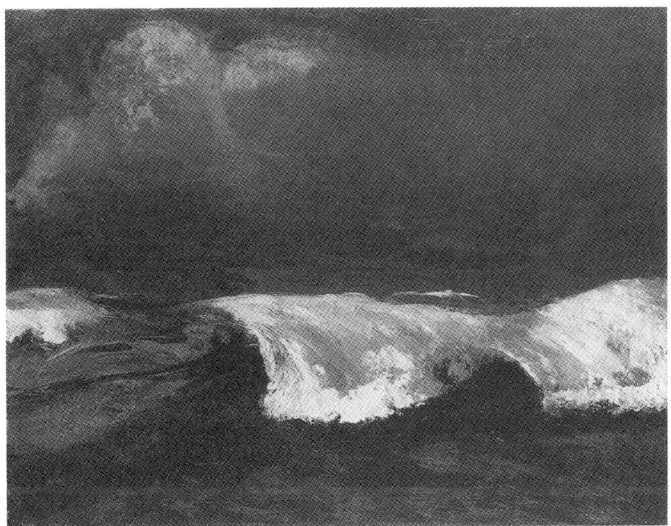

Emil Nolde, Brecher, 1936

als «entartet» gebrandmarkt worden war. Die Werke «Haus unter Bäumen» (1910) und «Häuser am Kanal» (1912) sollten fortan das Arbeitszimmer im Kanzleramt schmücken. Zunächst wollte die Kanzlerin dieses neue Leihangebot als Ersatz für die zurückgegebenen Bilder gerne annehmen, sie änderte ihre Meinung kurz darauf aber wieder, nachdem in der Öffentlichkeit antisemitische Äußerungen Schmidt-Rottluffs aus der Zeit des Ersten Weltkriegs diskutiert worden waren. Nach dieser Episode sah sie dann ganz davon ab, weitere Leihgaben entgegenzunehmen. Die Wände ihres Büros sind nun an der Stelle, an der früher die Noldes hingen, leer.[30]

Das Beispiel zeigt anschaulich, wie sehr Objekte die Auseinandersetzung mit ihnen erzwingen können. Ihre Gegenständlichkeit fordert eine Positionierung ein. Durch ihre körperliche Existenz knüpfen sie Verbindungen zu ihren Besitzern, selbst wenn diese sich der Verstrickung gerne entziehen würden. Hätte die

Kanzlerin die Nolde-Bilder in ihrem Arbeitszimmer hängen lassen, hätte dies unweigerlich zu einer kritischen Beschäftigung führen müssen – aufgrund der politischen Diskussion nicht mit dem künstlerischen und ästhetischen Wert der Werke, sondern mit der Biographie des Künstlers, der sie schuf. Eine fehlende Positionierung hätte eine unkritische Verbindung zu den Werken und ihrem Schöpfer entstehen lassen. Politisch vertretbar wäre es daher nur gewesen, die Einzigartigkeit der Kunstwerke anzuerkennen und sich gleichzeitig von der Gesinnung des Künstlers zu distanzieren. Um eine solche komplexe Beziehung zu den Werken aufzubauen, müsste man jedoch zunächst bereit sein, ein relativ großes Maß an Ambivalenz auszuhalten, die im Kunstwerk und seinem Bezug zum Künstler angelegt ist. Will man sich dieser Zumutung nicht aussetzen, ist es tatsächlich das Einfachste, die Bilder zurückzugeben. Weiße Wände fordern selten eine Positionierung ein.

Nicht immer muss das Zurückgeben daher auch tatsächlich Teil der Vergangenheitsaufarbeitung sein. Manchmal kann es sogar genau das Gegenteil ausdrücken: Das Zurückgeben wird dann zum Loswerden, es schneidet Auseinandersetzungen ab. Das kann selbst dort geschehen, wo das Zurückgeben Teil eines Wiedergutmachungsprozesses sein soll. In die reparative Nostalgie mischen sich dann Splitter der restaurativen Nostalgie, die die gegenständlichen Zeugnisse des historischen Unrechts nicht zur Heilung der Vergangenheit einsetzen will, sondern stattdessen die Auseinandersetzung mit diesen Zeugnissen verweigert.

VI.
Geschichtsfabriken

Sind es auf der einen Seite also Objekte und ihre körperliche Existenz, die das Zurückgeben maßgeblich prägen, so stehen auf der anderen Seite die Institutionen, die diese Objekte bewahren, besitzen, behalten oder eben auch zurückgeben. Die reparative Nostalgie setzt nur selten bei einzelnen Individuen an. Meist stellt sie die Restitution vielmehr in einen größeren institutionellen Gesamtkontext. Im Mittelpunkt dieses Zusammenhangs steht dann vor allem eine Institution: das Museum. Nicht Einzelpersonen, sondern Kunstmuseen, historische Museen oder ethnologische Sammlungen stehen auf der Seite der Gebenden im Zentrum des Rückgabeprozesses und prägen die Wiedergutmachung.

Dieser institutionelle Schwerpunkt entbehrt nicht einer gewissen Logik, die der Idee einer reparativen Nostalgie folgt. Denn Museen sind Einrichtungen, die Nostalgie und Geschichte produzieren. Das macht sie einerseits zu geradezu perfekten Kandidaten, um den Prozess des Zurückgebens zu lenken und zu bestimmen. Andererseits werden sie durch das Zurückgeben aber auch in eine fast paradoxe Rolle gedrängt. Denn wenn Museen Objekte aus ihren Beständen restituieren, sind sie nicht mehr nur mehr oder weniger neutrale Beobachter und Gestalter von Geschichtserzählungen. Es ist vielmehr auch ihre eigene Form der Geschichtspolitik, die durch das Zurückgeben hinterfragt und zum Teil auch als wiedergutzumachendes Unrecht eingestuft wird. Damit ruft ihr Zurückgeben in besonderer Weise die Frage danach auf, wer im Prozess des Gebens die Deutungshoheit über die Vergangenheit beanspruchen kann.

Das Museum als Nostalgie- und Geschichtsfabrik

Museen sind Orte, die von der Geschichte leben. In ihnen sollen Objekte aus der Vergangenheit präsent gehalten werden – in der Gegenwart und für die Zukunft.[1] Damit stellen sie die Vergangenheit aber nicht lediglich neutral dar. Mit der vollen suggestiven Kraft, die von der Materialität ihrer Objekte ausgeht, erzählen Museen nicht nur Geschichten, sondern auch Geschichte, und zwar in einer ganz bestimmten, eigens kuratierten Form. Die Beziehung, die sie zu ihren Objekten aufbauen, erschöpft sich nicht in einem schlichten Sammeln und Ausstellen. Sie bringen Personen und Objekte in eine feste, auf Dauer angelegte Ordnung.[2] Nicht zuletzt deshalb erfüllen sie als Institution auch maßgeblich die Aufgabe, kollektive Identitäten zu konstruieren und zu bestätigen.[3] Dies gilt in besonderem Maße dann, wenn es sich um öffentliche Museen handelt, die bei aller Autonomie der Institution doch als Teil der staatlichen Verwaltung eben immer auch an der *staatlichen* kollektiven Identität arbeiten. Die Museen sind dann in gewisser Weise durch zwei scheinbar sehr gegensätzliche Funktionen geprägt: diejenige eines elitären Tempels der Künste und die eines utilitaristischen Instruments zur staatsbürgerlichen Erziehung.[4]

In den historischen Museen ist dieser Widerstreit am deutlichsten zu erkennen. Mithilfe historischer Artefakte, zeitgenössischer Duplikate, szenischer Inszenierungen und ergänzender Erläuterungen in schriftlicher, mündlicher oder audiovisueller Form werden vergangene Welten anschaulich gemacht und in einen sinnlich erfahrbaren Zeitzusammenhang gebracht. Die dadurch entstehenden historischen Deutungsstrukturen der Politik-, Kultur- und Sozialgeschichte beziehen sich in aller Regel auf das jeweilige politische und geographische Gebiet, in dem sich das Museum befindet, und führen sich daher meist auf die eine oder andere Weise auf das staatliche Gemeinwesen und seine historische Selbstdarstellung zurück. Es ist kein Zufall, dass die beiden großen historischen Museen der Bundesrepublik, das Deutsche Historische Museum in Berlin und das Haus der Geschichte in Bonn, in den 1980er Jahren und damit in einer Zeit konzipiert wurden, als sich die Bundesrepublik mit einem neuen Nationalbewusstsein in der deutschen Teilung einzurichten begann, so dass auch die deutsche Geschichte nun in der Bundesrepublik zu einem identitätsprägenden Ausstellungsprojekt werden konnte.[5]

Die besondere ideelle Wirkung, die sich aus der Konstruktion von Geschichte speist, ist allerdings nicht auf klassische historische Museen beschränkt. Auch Kunstmuseen erfüllen – freilich in modifizierter Form – diese identitätsprägende Funktion. Kunstmuseen konstituieren immer auch Kunst- und Kulturgeschichte. Wie keine andere Institution sind sie in der Lage, die Bedeutung von Werken, Künstlern und ganzen Stilrichtungen zu kanonisieren. Allein durch die Aufnahme bestimmter Kunstwerke in die Sammlungen öffentlicher Museen werden diese als besonders wichtig und prägend für ihre zeitliche Epoche markiert. Schon durch die Zuordnung des Objekts zur Institution wird daher Geschichte konstruiert. Diese Geschichte kann bei den Museen der Gegenwartskunst sogar bis in die Jetztzeit hineinreichen. Die Musealisierung macht die Museumsobjekte dann, trotz ihrer ursprünglichen Herkunft aus der Gegenwart, zu entrückten Artefakten, die ihren Sozialzusammenhang gerade nicht mehr in der alltäglichen Welt des Hier und Jetzt haben, sondern eine besondere Form der gegenwartsbezogenen Historizität ausdrücken.[6] Die Gegenwart wird mit ihren künstlerischen Ausdrucksformen kanonisiert und auf diese Weise schon ein Stück weit in die Vergangenheit verschoben, während sie noch andauert.

Die ethnologischen Sammlungen, die ab der zweiten Hälfte des 19. Jahrhunderts in Deutschland gegründet wurden, stehen in gewisser Hinsicht quer zu diesen beiden Formen der Geschichtsfabrikation. Das liegt schon in der europäischen Perspektive auf ihre Objekte begründet: Bis heute changiert die Konzeption der jeweiligen Sammlungen zwischen altmodischen «Kuriositätenkabinetten», kulturhistorischer Einordnung ferner Länder und künstlerischer Ausstellung besonderer Artefakte.[7] Der unweigerliche Zusammenhang zwischen der Institution und der Geschichte, die mit ihr und durch sie gemacht wird, ist gleichwohl gerade bei diesen Museen besonders deutlich. Denn die ethnologischen Sammlungen in Europa sind durch ihre Entstehungsgeschichte untrennbar verbunden mit der historischen Epoche des Kolonialismus. Sie stellen also nicht nur Zeitzeugnisse aus, sondern sind selbst in ihrer Historizität ein Zeugnis der Geschichte – und zwar einer mit dem Unrecht des Kolonialismus behafteten Geschichte.

Die Völkerkundemuseen, wie sie zur Zeit ihrer Gründung meist hießen, sind damit zum einen selbst Teil einer historischen Erzählung über den Kolonialismus und zum anderen institutioneller Akteur in der Herstellung einer solchen Erzählung. Denn durch die Darstellung des «Anderen», das in der ursprünglichen kolonialen Logik etwas Wildes, Unzivilisiertes und Untergeordnetes war, setzten sie ursprünglich auch die Fähigkeit der kolonialen Mächte in Szene, sich die Welt einzuverleiben und sie zu klassifizieren, die verschiedenen Menschen und ihre Lebensweisen in kohärente Systeme zu bringen und sie so nebeneinanderstellen und vergleichen zu können.[8] Die heutigen Museen sind in diese Herkunft ihrer Institution verstrickt und suchen unter den aktuellen Bedingungen verstärkt nach einem zeitgemäßen, historisch reflektierten Umgang mit diesem Erbe. Die Debatte darüber, wie ein solcher Umgang aussehen kann, steht dabei in vielerlei Hinsicht noch relativ weit am Anfang.[9]

So unterschiedlich die drei hier angeführten Arten von Museen auch sind, so wird an ihnen doch übereinstimmend deutlich, wofür Museen in der Gesellschaft stehen können: Museen sind «Wir-Maschinen».[10] Sie produzieren Geschichte, und über die Geschichte produzieren sie Identitäten. Sie sind damit Teil eines öffentlichen Gefühlsmanagements und stellen Ressourcen bereit, um ein bestimmtes Wir-Gefühl zu entwickeln. Aus diesen Ressourcen können sich in hervorragender Weise alle Arten von Nostalgie speisen. Denn ob man der Vergangenheit im Sinne einer reflektiven Nostalgie nur wehmütig hinterhertrauern möchte oder sie im Sinne einer restaurativen Nostalgie in diffuser Form zu neuem Leben erwecken will: Nostalgie braucht die Anschauung von Geschichte, um sich emotional setzen zu können. Die Ausstellungsobjekte in den Museen, die Schautafeln, die Filmdokumente, die räumliche Inszenierung historischer Kontexte – alle diese Elemente vermitteln dem Museumsbesucher ein Bild, das ihn nicht nur rational, sondern auch emotional berührt. Indem die Vergangenheit sinnlich wahrnehmbar gemacht wird, wird sie zum unmittelbaren Anknüpfungspunkt für die verschiedensten menschlichen Affekte. Und indem sie zu Geschichten und Geschichte verarbeitet wird, kann sie zum Gegenstand nostalgischer Projektionen werden – unabhängig davon, ob diese reflektiv rückwärtsgewandt oder restaurativ zukunftsgewandt sind. Ohne die Produktion von Geschichte kann Nostalgie nicht entstehen. Museen sind daher nicht nur Wir-Maschinen. Sie sind Geschichts- und damit – absichtlich oder unabsichtlich – auch Nostalgiefabriken.

Beglaubigung von Geschichte

Ist dem Museum also die Fabrikation von reflektiver und restaurativer Nostalgie institutionell eingeschrieben, so ist sein Verhältnis zur reparativen Nostalgie deutlich komplexer. Wenn es Aufgabe der Museen ist, Geschichte herzustellen, so stellen diese Geschichten den erzählerischen Zusammenhang für den Prozess des Zurückgebens bereit, um die Vergangenheit in gewisser Weise zu heilen. Als anerkannte Institutionen zur Beglaubigung von Geschichte kommt den Museen insofern die Rolle zu, das Zurückgeben der unrechtsbehafteten Objekte entweder vorzubereiten, indem ihre Erzählungen das wiedergutzumachende Unrecht als solches benennen, oder aber es nachzubereiten, indem eine modifizierte Geschichte erzählt wird, die das begangene und wiedergutgemachte Unrecht in den historischen Gesamtzusammenhang einbettet.

Die besondere vorbereitende Funktion der Museen beim Zurückgeben wird zurzeit vor allen Dingen bei den ethnologischen Sammlungen als Nachfolger der kolonialen Völkerkundemuseen deutlich. Als wegweisend und debattenprägend hat sich dabei insbesondere die Diskussion um das Humboldt Forum erwiesen.[11] In der Vielschichtigkeit seiner symbolischen Ebenen steht dieses Projekt geradezu emblematisch für die unterschiedlichen Formen der aktuellen Nostalgie – in ihren positiven wie auch in ihren negativen Facetten. Die Komplexität der Bedeutungsmuster geht dabei schon auf die Ursprünge des Prestigeprojekts zurück. Denn der Beginn des Vorhabens liegt nicht in einer positiven Gestaltungsvision begründet, sondern in einem baulichen, stadtplanerischen und geschichtspolitischen Problem: dem Umgang mit dem Palast der Republik der DDR. Dieser sozialistische Vorzeigebau hatte dabei ironischerweise selbst schon versucht,

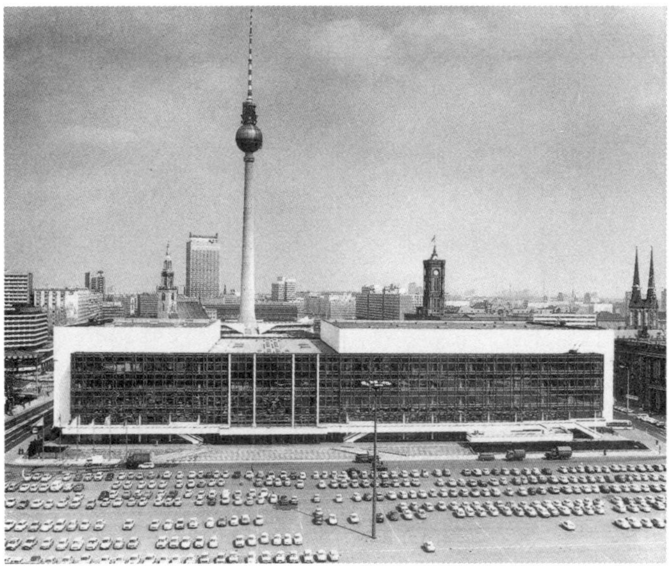

Palast der Republik, Berlin, 1986

eine solche Problemlösung bereitzustellen, als er als positive Vision des Arbeiter- und Bauernstaates an die Stelle des erst ausgebrannten und dann abgerissenen Preußen-Schlosses trat. Als man sich 20 Jahre später entschied, das asbestverseuchte Gebäude nicht zu sanieren, sondern vollständig abzutragen, war dies auch eine Entscheidung gegen eine städtebauliche Reverenz an die untergegangene DDR in der Mitte des neuen Berlin.

Aus einer Entscheidung gegen ein Symbol folgt aber noch keine Idee. Und so entstand nach der Entscheidung zum Abriss erst einmal eine große öffentliche Leere um den Schlossplatz, im buchstäblichen wie im übertragenen Sinn. Gefüllt wurde diese Leere zunächst Anfang der 1990er Jahre durch rein private Initiativen, die sich für einen Wiederaufbau des alten Hohenzollernschlosses stark machten und damit scheinbar auf eine Weise an den Zustand vor dem Zweiten Weltkrieg anknüpfen wollten,

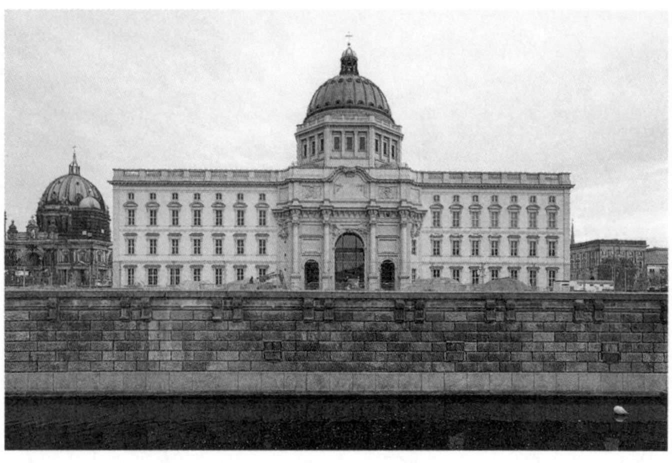

Wiedererrichtetes Stadtschloss, Berlin

als hätte es die DDR nie gegeben. Die öffentliche Hand machte sich dieses Projekt dann schlicht zu eigen – und goss damit den Zeittrend der restaurativen Nostalgie im buchstäblichen Sinne in Zement. Besonders doppelbödig wirkt dieser Fall von Vergangenheitssehnsucht dabei deshalb, weil mit dem geplanten Wiederaufbau des Schlosses in seiner enthistorisierten und im Gegensatz zum Original nicht mehr durch seine verschiedenen Zeit- und Bauschichten geprägten Form letztlich ein imaginiertes Stück Berlin des 19. Jahrhunderts wiederhergestellt werden sollte – und damit genau jener Epoche, in der die Nostalgie, gerade in ihrer baulichen Dimension, das erste Mal institutionalisiert wurde.[12]

Eine zweite Ebene erhielt dieser geschichtspolitische Paukenschlag, als sich die politisch Verantwortlichen dafür entschieden, das neue Schloss maßgeblich mit den Beständen der Ethnologischen Museen aus Berlin-Dahlem zu füllen. Man könnte diese Lösung oberflächlich als einfachen Trick der Stiftung Preußischer Kulturbesitz ansehen, um das Problem der Abgelegenheit ihrer ethnologischen Bestände im Berliner Südwesten zu lösen. Oder man könnte es als symbolisch absurd betrachten, ausgerechnet in das wiederaufgebaute Schloss des Kaiserreichs diejenigen Bestände der Staatlichen Museen zu Berlin zu verlagern, die aufgrund ihrer engen Verbindung mit dem Kolonialismus ebendieses Kaiserreichs heute politisch besonders umstritten sind. Tatsächlich offenbart die Entscheidung aber vor allen Dingen ein großes Problem mit der Funktion des Museums als «Wir-Maschine», auf die mit diesem Prestigeprojekt der Bundeskulturpolitik zwar in ganz besonderer Weise abgezielt wurde, vor der die politischen Entscheidungsträger aber gleichzeitig auch in besonderer Weise zurückschreckten. Denn als kulturelles Aushängeschild des Bundes in Berlin stand das Vorhaben immer schon vor dem Problem, die Selbstdarstellung einer neuen Republik zu gestalten, die in mancherlei Hinsicht bis heute noch nicht ganz zu sich selbst gefunden hat.

An die Stelle der Selbstdarstellung ist daher ein Akt der Selbstvergewisserung getreten. Gedacht als Symbol für die Weltoffenheit, Vielfältigkeit und Toleranz der neuen Republik und damit scheinbar in Abgrenzung zu den Traditionen des Kaiserreichs wollte man das neue alte Schloss nun mit kulturellen Artefakten füllen, die gerade nicht in der Tradition deutscher Selbstdarstellung standen. Die Selbstvergewisserung als neue, von alten nationalen Mythen freigeschwommene Nation erfolgt damit durch die Präsentation des geradezu Anti-Nationalen, der «Kulturen der Welt», wie es in der Selbstbeschreibung heißt. Genau dadurch wird aber am Ende deutlich, wo der in jüngerer Zeit oft geäußerte Vorwurf, das Humboldt Forum betriebe durch die Gegenüberstellung von «eigener» und «fremder» Kultur letztlich nur eine neue Form des «Othering» von nicht als deutsch definierter Kultur,[13] seine Wurzel hat: Wem die Darstellung des Eigenen nur über die Darstellung des Anderen gelingen will, der produziert nicht nur notwendigerweise Abgrenzung, sondern allzu schnell auch Ausgrenzung. Gerade auch deshalb ist das Humboldt Forum so entschieden in den Mittelpunkt der zivilgesellschaftlichen Debatte um den Umgang mit kolonialen Museumsgütern gerückt worden.

Ist es vor diesem Hintergrund wirklich reiner Zufall, dass die Debatte um die Aufarbeitung des Kolonialismus und der Umgang mit dem historischen Erbe der Hohenzollern im Humboldt Forum derart aufeinanderprallen? Man könnte es sich hier leicht machen und einen evidenten Zusammenhang schlicht aus der historischen Gleichzeitigkeit von Hohenzollern-Kaisertum und deutschem Kolonialismus herleiten, so wie es der Satiriker Jan Böhmermann getan hat, als er die laufenden Vergleichsverhandlungen mit Georg Friedrich Prinz von Preußen in die Öffentlichkeit trug.[14] Doch ein solcher Kurzschluss zwischen kolonialem Unrecht und monarchischer Staatsform bliebe historisch mehr als nur ungenau – selbst wenn man berücksichtigt, dass der deutsche Kaiser in den Kolonien formal die «Schutzgewalt» ausübte.[15] Auch wenn juristisch die strukturelle Gewalt der Kolonialherrschaft vom Kaiser ausging, waren die konkreten Strukturen, in denen das koloniale Unrecht begangen wurde, doch im Einzelnen deutlich zu vielfältig und in der Banalität der brachialen Gewalt auch zu wenig durchorganisiert, um sie dem monarchischen Staatsoberhaupt ohne Weiteres vollständig zurechnen zu können.[16]

Doch auch wenn die Zusammenhänge nicht so glatt und eindeutig sind, rein zufällig ist die Vermischung von Hohenzollernerbe und kolonialer Wiederauferstehung im Humboldt Forum beileibe nicht. Sie zeigt vielmehr, wie hier verschiedene Formen der aktuellen Nostalgiebewegungen aufeinandertreffen und sich aneinander reiben. Die Idee, das alte Berliner Schloss der Hohenzollern wiederaufzubauen, ist noch tief verwurzelt in der restau-

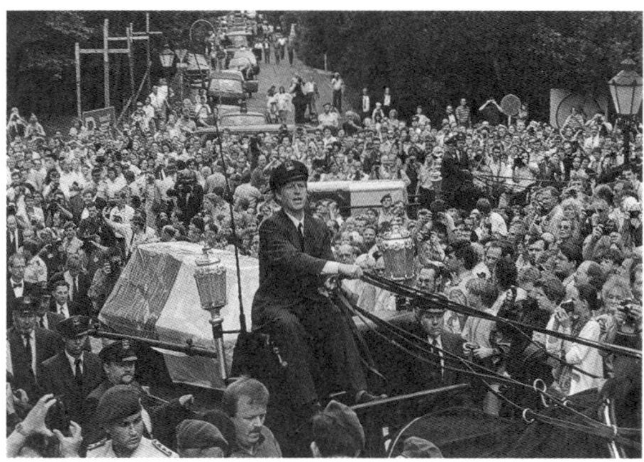

Pferdewagen mit dem Sarkophag Friedrichs II. am 17. August 1991

rativen Nostalgie der 1990er Jahre. Auf der Suche nach einer neuen «Berliner Republik», die ihre westlich-einseitige und darüber hinaus auch etwas angestaubte Bonner Vorgängerin ablösen sollte, wurde das preußische Erbe auf einmal wieder schick. Zwar waren schon in den 1980er Jahren in beiden deutschen Staaten entsprechende erste Entwicklungen erkennbar. Zur vollen Entfaltung gelangten sie aber erst im wiedervereinigten Deutschland. Mit der Überführung der sterblichen Überreste der Preußenkönige Friedrich II. und Friedrich Wilhelm I. vom baden-württembergischen Hechingen in die alte Residenzstadt Potsdam begann im Sommer 1991 eine Art Preußen-Revival, das die folgenden Jahre prägen sollte. Seinen kulturpolitischen Höhepunkt fand es im «Preußenjahr 2001», das die Länder Berlin und Brandenburg ausriefen. Die nachhaltigste Wirkung entfaltete aber ohne Zweifel die kurz darauf getroffene Entscheidung, das Berliner Schloss wiederaufzubauen.

Noch bevor das konkrete Nutzungskonzept für den Bau stand, waren Preußen-Faszination und Preußen-Nostalgie allerdings schon wieder sehr deutlich verblasst. Die Politik stand vor dem

Problem, ein Preußen-Schloss museal füllen zu müssen, ohne eine nostalgische Geschichte des preußischen Reiches in den Mittelpunkt der Einrichtung stellen zu können. Eine «Preußen-Wir-Maschine» wollte man dann doch nicht bauen. Vor diesem Hintergrund erschien eine Übernahme der ethnologischen Sammlungen in das neue Humboldt Forum möglicherweise gerade deshalb attraktiv, weil sie sich zunächst einer restaurativen Nostalgie entzieht. Die Geschichte, die hier erzählt werden soll, ist in erster Linie einmal eine solche über die Gegenwart: Es geht um die neue Weltoffenheit, die neue Dialogbereitschaft, den neuen Willen zur Diversität. Die «Kulturen der Welt» will das Humboldt Forum nach der offiziellen Beschreibung der Bundesregierung präsentieren.[17] Die schwierige Frage der Geschichtsdarstellung schien man damit in gewisser Weise elegant zu umgehen. Aber die Deutung der Geschichte lässt sich im Museum nun einmal nicht ausblenden – erst recht nicht in einem eigens rekonstruierten historischen Monarchensitz. An die Stelle der restaurativen Nostalgie trat mit umso größerer Wucht die Debatte um die reparative Nostalgie – und damit auch die Frage danach, welche Geschichte man über das Unrecht der Vergangenheit erzählen will.

Auch wenn damit hinter der Fassade des wiederaufgebauten Schlosses zunächst kein Platz mehr ist für nostalgische Träume von der Monarchie, ist doch die restaurative Nostalgie an diesem Punkt keineswegs ganz aus der Öffentlichkeit verschwunden. Im Gegenteil: Fragen nach der historischen und musealen Deutung der Monarchie sind zurzeit aktueller denn je. Denn im Rahmen der Verhandlungen mit Georg Friedrich Prinz von Preußen werden bzw. wurden auch Gespräche darüber geführt, ob durch die öffentliche Hand ein neues Hohenzollernmuseum im Schloss Charlottenburg eingerichtet wird.[18] Wie dabei genau die historische Erzählung konstruiert werden soll, darüber herrscht nicht nur in der Sache Streit. Auch über die Meta-Frage, wer in den gegenwärtigen Gesprächen die Deutungshoheit über das Museum beansprucht, finden harsche Auseinandersetzungen statt. Der Kaiser-Nachfahre wehrt sich erbittert – auch mit juristischen Mitteln – gegen den Eindruck, er wolle das Geschichtsbild beeinflussen, und versucht, entsprechende Aussagen von Journalisten und Historikern umfassend gerichtlich untersagen zu lassen. Den Ausgangspunkt dieser Berichte bildet ein Artikel im Berliner «Tagesspiegel», der – auch mithilfe von Fotos entsprechender Verhandlungsdokumente – jedenfalls die Forderung nach einer institutionalisierten Mitwirkung bei solchen Museen enthält, die Dauerleihgaben der Hohenzollern beherbergen. Dieser Beitrag ist bis heute frei im Internet verfügbar[19] und wird offensichtlich auch nicht mit juristischen Mitteln angegriffen. Ohnehin ist es nicht ohne Ironie, wenn Georg Friedrich mithilfe von Gerichtsprozessen die Debatte darüber zu beeinflussen versucht, ob er eine historische Debatte zu beeinflussen sucht.

So erbittert also gerade im Fall der Hohenzollern um die Deutungshoheit über die Geschichte (und auf einer Meta-Ebene auch über die Ansprüche auf eine solche Deutungshoheit) gestritten wird – eine Regelung, wie sie von den Hohenzollern vermeintlich oder tatsächlich gefordert wird, wäre nicht einmal ohne Vorbild in Deutschland. Begleitet von einer deutlich zurückhaltenderen Debatte in der Öffentlichkeit schloss nämlich das seinerzeit CDU-regierte Thüringen bereits im Jahr 2003 einen Vergleich mit der Rechtsnachfolgerin des letzten Großherzogs von Sachsen-Weimar-Eisenach, in dem ein solcher Tausch vereinbart wurde: Rücknahme von Entschädigungsforderungen gegen Einflussmöglichkeiten bei der musealen Darstellung der Geschichte. Die Einigung schloss ein umfangreiches Verfahren ab, in dem es um Entschädigungen des früheren Herrscherhauses wegen Enteignungen in der späteren DDR ging. Betroffen waren auch zahlreiche bedeutsame Kulturgüter, etwa der größte Teil der Bestände des Goethe- und Schiller-Archivs in Weimar. Im Ergebnis verzichtete die Antragstellerin, Leonie Prinzessin von Sachsen-Weimar-Eisenach, auf alle angemeldeten Ansprüche. Im Gegenzug erhielt sie eine Ausgleichszahlung in Höhe von 15,5 Millionen Euro, freien Eintritt in die Einrichtungen der Klassik Stiftung Weimar sowie das Recht, in diesen Einrichtungen private Veranstaltungen durchführen zu können. Zu diesen Einrichtungen gehören etwa das Goethe-Nationalmuseum, das Bauhaus-Museum Weimar, das Weimarer Stadtschloss, das Neue Museum Weimar, das Goethe- und Schiller-Archiv sowie die Herzogin Anna Amalia Bibliothek. Darüber hinaus wurde den Nachfahren des Großherzogs vom Land auch ein Sitz im Stiftungsrat dieser öffentlichen Stiftung zugesagt.[20]

Im Jahr 2004 fand diese Einigung ihren Weg in das entsprechende Stiftungsgesetz. Mit den Stimmen der Mehrheitsfraktion CDU beschloss der Landtag, dass im Stiftungsrat nun ein «Vertreter des Hauses Sachsen-Weimar und Eisenach» seinen Platz haben sollte.[21] Diese gesetzliche Formulierung ist deshalb von besonderem Interesse, weil sie nicht nur die inhaltliche Einflussmöglichkeit der Anspruchsteller auf die museale Arbeit der thüringischen Kultureinrichtungen verbindlich festhält. Sie macht noch etwas Anderes: Die Formulierung überträgt monarchische Vorstellungen dynastischer Regelhaftigkeit in ein republikanisches Gesetz. Das «Haus» Sachsen-Weimar und Eisenach, das hier einen Vertreter entsenden soll, ist in der Republik eine reine Imagination. Übernommen aus der Rechtssphäre der Monarchie ist es nichts Anderes mehr als eine Erzählung derjenigen, die sich auch heute noch als Adel verstehen und damit die schon in der Weimarer Republik geschaffene klare Rechtslage, mit der der Adel abgeschafft wurde, nicht zur Kenntnis nehmen wollen. Wenn das «Haus» Sachsen-Weimar und Eisenach nun als Rechtsbegriff in einem Gesetz auftaucht, so wird diese Erzählung durch den Gesetzgeber mit maximaler öffentlicher Autorität versehen. Auch auf diese Weise kann Geschichte beglaubigt werden.[22]

Das Museum hinterfragt sich selbst

Es muss allerdings nicht immer die besondere Funktion zur Beglaubigung von Geschichte sein, die die Museen zu derart herausgehobenen Akteuren im Prozess des Zurückgebens macht. Museen stellen nämlich nicht nur die historische Begleiterzählung für die Restitution bereit. In einer großen Zahl der öffentlichkeitswirksamen Rückgaben stehen sie auch als Besitzer der umstrittenen Kulturgüter im Mittelpunkt des Geschehens. Ob es um NS-Raubkunst, um Objekte aus kolonialem Unrechtskontext oder um ehemalige monarchische Kulturgüter geht – selten werden Rückgaben so intensiv und auch kontrovers durch die Öffentlichkeit begleitet wie in den Fällen, in denen Objekte aus Museen zurückgegeben werden sollen.

In dieser Rolle sind die Museen dann nicht mehr allein Vermittler eines bestimmten Bildes von Geschichte. Als Akteure in einer historischen oder jedenfalls historisch relevanten Ereigniskette werden sie vielmehr selbst in den prüfenden Blick genommen. In erster Linie wird auf diese Weise der historische Beitrag der Museen bei der Begehung des wiedergutzumachenden Unrechts hinterfragt. Insbesondere bei der Rückgabe von kolonialen Objekten ist dieser Zusammenhang gleichermaßen evident wie schmerzhaft, sind doch die ethnologischen Sammlungen, in denen sich die Objekte meist befinden, über die Geschichte ihrer Institution tief mit dem Unrecht des Kolonialismus verwoben. Auch in Bezug auf die NS-Raubkunst sind Verstrickungen der

Museen mit dem Unrecht deshalb vorhanden, weil ein Teil der Bilder, über deren Rückgabe heute gestritten wird, ihren Weg im unmittelbaren Zusammenhang mit den nationalsozialistischen Verfolgungsmaßnahmen in die Bestände der Museen gefunden hat, die Museen auf die eine oder andere Weise also mittelbar vom nationalsozialistischen Unrecht profitiert haben. Ein anderer Teil der Werke gelangte hingegen erst später und ohne Zusammenhang mit dem nationalsozialistischen Unrecht in die Sammlungen – etwa dadurch, dass die Museen diese in der Zeit nach dem Zweiten Weltkrieg auf dem Kunstmarkt ankauften oder durch Schenkungen großzügiger Mäzene erhielten.

Gerät das Museum in dieser Weise selbst in den Mittelpunkt der Vergangenheitsaufarbeitung, wird seine Rolle gewissermaßen paradox. Als Institution, deren Aufgabe eigentlich in der Inszenierung von Geschichte liegt, wird es nun auf einmal selbst zum Gegenstand einer solchen, dazu noch kritischen, Inszenierung. Seine eigene Rolle in der Geschichte wird hinterfragt, seine Verbindungen zum historischen Unrechtskontext beleuchtet. Um diese paradoxe Aufgabe, zugleich Subjekt und Objekt der Beobachtung zu sein, tatsächlich bewältigen zu können, bedarf es einer immensen institutionellen Distanz zu sich selbst – eine Distanz, die die wenigsten Institutionen aufbringen könnten. Hinzu kommt im Fall der Museen ein evidenter Konflikt mit dem Selbst- und Fremdbild der Institution, der durch diese Form von kritischer Beleuchtung geschaffen wird. Denn gerade weil Museen Wir-Maschinen und Institutionen zur Beglaubigung von Geschichte sind, leben sie von einer besonderen Aura moralischer Unantastbarkeit.

Insbesondere Kunstmuseen sind in unserer heutigen Vorstellung tabubehaftete Orte, die aus der mystischen Aura der Kunstwerke in der Körperlichkeit des Originals und den sie umgebenden Tabus eine besondere Sakralität generieren.[23] Die für sie eingeübten traditionellen Verhaltenskodizes erinnern in ihren klassischen Mustern der Ruhe und Ehrfurcht an diejenigen von Kirchen.[24] Die ausgestellten Gegenstände haben allein die soziale Funktion, Objekt der Bewunderung zu sein, sind dabei aber im Übrigen auf nahezu mystische Weise dem Alltag entrückt. Maßgeblich aus dieser Entfernung vom Gewöhnlichen erwächst die Glaubwürdigkeit der Geschichtspräsentation.

Genau diese Entrückung ist es jedoch, die im Fall des Zurückgebens große Konflikte verursacht zwischen der besonderen Aura des Museumsobjekts einerseits und dem Unrechtskontext, in dem das Objekt steht, andererseits. Dieser Konflikt führt mitunter dazu, dass die Rückgabe von Raubkunst aus den Museen gerade mit der besonderen Stellung der Institution begründet wird. In dieser Lesart soll die Restitution nämlich nicht nur das begangene Unrecht wiedergutmachen, sondern auch Ordnung und Funktion des Museums wiederherstellen. Die Bilder mit der durch sie verkörperten Geschichte werden dann zu Störfaktoren für den Museumsbesucher, der sich nicht «wohlfühlen» könne, wenn ein geraubtes Bild unter den Exponaten zu finden sei.[25] Ähnlich verläuft die Argumentation im Hinblick auf die Funktion der Museen, kollektive Identitäten zu konstruieren und zu bestätigen. Auch diese Funktion werde durch die Raubkunst unterminiert, da es ausgeschlossen scheine, dass «geraubtes Gut jemals zu nationalem Kulturgut werden» könne, auf das die Museumsverantwortlichen wie die Museumsbesucher «stolz» sein dürften.[26]

Die ethnologischen Sammlungen sind durch diese Perspektive in ganz besonderer Weise herausgefordert. Da ihre Bestände zu einem großen Anteil mit der Geschichte des Kolonialismus verwoben sind, werden sie als Institution insgesamt in Frage gestellt, wenn nach dieser Idee das begangene Unrecht den Objekten körperlich anzuhängen scheint. Wie umfassend die Kritik dabei an dem Konzept des Museums ist, zeigt maßgeblich die noch laufende Debatte über das Humboldt Forum.

Vor allem aber führt die Idee, durch das Zurückgeben die unantastbare Aura des Museums erhalten bzw. herstellen zu wollen, um die musealen Aufgaben wahrnehmen zu können, seinerseits zu einem immensen auch moralisch konnotierten Darstellungsproblem. Denn wenn das Zurückgeben gerade dem Zweck dienen soll, die erzählerische Verbindung zwischen dem Museum und dem historischen Unrecht zu kappen, kann das Unrecht im Prozess des Zurückgebens nicht thematisiert werden. Die Aufgabe des Museums, Geschichte zu zeigen und anschaulich zu machen, wird dann durch das Zurückgeben paradoxerweise auf eine Art erfüllt, die das historische Unrecht ausblendet und überspielt, statt es zu zeigen.

Besonders deutlich wird dies in den Fällen, in denen Kunstwerke zunächst restituiert werden, sodann aber durch Rückkauf oder Leihgabe zurück ins Museum gelangen. Denn in den Ausstellungsräumen der Museen finden die Geschichten hinter den Bildern, die zu ihrer Restitution führten, in aller Regel keine Erwähnung. «Leihgabe der DekaBank», so steht es etwa auf der Erläuterungstafel zu Caspar David Friedrichs «Der Watzmann» in der Alten Nationalgalerie in Berlin. Es ist der einzige Hinweis auf die Verstrickung der Provenienz in die nationalsozialistische Verfolgungspolitik: Der ursprüngliche Eigentümer, der jüdische Familienvater Martin Brunn aus Berlin, hatte das Gemälde im Jahr 1937 an die Berliner Nationalgalerie verkauft, um die Flucht seiner Familie aus Deutschland zu finanzieren. Während viele seiner Verwandten in Deutschland ermordet wurden, gelang Martin Brunn und seiner Familie die Emigration in die USA.[27] Diese Geschichte des Bildes wird heute in der Museumsausstellung praktisch ausgelöscht. Nur der Leihgeber, der das Bild nach der Restitution im Jahr 2002 ankaufte, um es dem Museum wieder zur Verfügung zu stellen, wird genannt. Martin Brunn hingegen bleibt unerwähnt.

Jenseits des Museums – wer deutet die Vergangenheit?

Museen sind also – trotz ihrer besonderen Aufgabe, Geschichte zu inszenieren – durchaus problematische Akteure, wenn es um das Zurückgeben von Kulturgütern und die damit verbundene Deutung der Vergangenheit geht. Ihre Funktionslogik, die auf den Aufgaben des Ausstellens und Sammelns beruht, ist auf eine solche Form der Vergangenheitsaufarbeitung im Sinne einer Wiedergutmachung schlicht nicht ausgelegt. So sehr sie auch als Institutionen von einem diffusen Gefühl der reflektiven oder restaurativen Nostalgie getragen werden oder von ihm doch zumindest profitieren – die reparative Nostalgie führt das Museum an seine Grenzen. Damit stellt sich umso dringender die Frage, wer stattdessen die Aufgabe der Vergangenheitsdeutung übernehmen kann, will und soll. Drei mögliche Akteure sind hier erkennbar, die auf jeweils eigene Weise eine Form der Geschichtsdeutung vornehmen können: die Politik, die Gerichte und die Wissenschaft. Hinzu tritt der öffentliche Diskurs, der die Geschichtsdeutung begleitet und mitunter auch lenkt.

Die Rolle, die diese Akteure in den verschiedenen Fällen des Zurückgebens haben, unterscheidet sich stark – insbesondere im Hinblick auf eine offene politische Entscheidungsfindung. Bei der Rückgabe von NS-Raubkunst, die in vielerlei Hinsicht die Blaupause für die heutige Restitutionsdebatte darstellt, steht zwar mit der Washingtoner Konferenz im Jahr 1998 ein klares internationales politisches Zeichen am Anfang der Rückgabediskussion. Nach diesem Auftakt ist das Thema allerdings – jedenfalls in Deutschland – in der offenen politischen Debatte der demokratischen Institutionen nie angekommen. Rechtliche Regeln, die das Zurückgeben politisch verbindlich gestalten würden, existieren bis heute nicht.[28] Damit sind aber sowohl die demokratischen Parlamente als Rechtssetzer als auch die staatlichen Gerichte als Rechtsdurchsetzer aus dem Rückgabeprozess weitestgehend ausgeschlossen – und folglich auch aus dem Kreis derjenigen, die Geschichte verbindlich deuten und darstellen.

Trotz der strukturellen Überforderung bleiben damit in den meisten Fällen die Museen zunächst die zentralen Akteure sowohl hinsichtlich der Restitution selbst als auch in Bezug auf die Deutung der Rückgabe. An ihre Seite tritt in zunehmendem Maße die Kunstgeschichte als Akteur der Wissenschaft. Die Provenienzforschung im Hinblick auf die NS-Raubkunst ist zu einem kleinen, aber fest etablierten Zweig dieser wissenschaftlichen Disziplin geworden. Restitutionsentscheidungen beruhen heute in allererster Linie auf dem wissenschaftlichen Urteil kunsthistorischer Provenienzforscher. Damit wird auch die Darstellung der Geschichte maßgeblich durch die Funktions- und Aufmerksamkeitslogik dieser Disziplin geprägt, die sich stärker auf die Kunst und ihren Markt fokussiert und weniger auf die individuellen Verfolgungsschicksale der ehemaligen Eigentümer, die eher im disziplinären Interesse von Zeithistorikern liegen würden. Auch aus diesem Grund verschiebt sich der gegenwärtige Restitutionsdiskurs zunehmend in Richtung einer Gesamtperspektive bürgerlichen Kunsthandelns und Kunstsammelns in der Weimarer Republik und den früheren Jahren der NS-Zeit, während das wiedergutzumachende historische Unrecht zum Teil sehr stark aus dem Fokus der Aufmerksamkeit verschwindet.[29]

Dieser schleichende Perspektivwechsel in der Darstellung der Vergangenheit dürfte einer von mehreren Bausteinen sein, die dazu führen, dass größere Streitigkeiten um die Restitution von NS-Raubkunst zunehmend aus Deutschland abwandern und vor amerikanischen Gerichten ausgetragen werden. Anders als vor deutschen Gerichten ist es hier nämlich zumindest nicht ausgeschlossen, dass Rückgabeansprüche auf NS-Raubkunst rechtlich bestehen und vor Gerichten durchgesetzt werden können – mit der Folge, dass auch die Unrechtserzählung der nationalsozialistischen Verfolgung vor Gericht verhandelt werden kann. Diese Entwicklung führt dann allerdings dazu, dass die Deutung der deutschen Unrechtsgeschichte ins Ausland verlagert wird. Eine eigenverantwortliche Geschichtsdeutung und -darstellung durch die Institutionen, die in der Nachfolge des nationalsozialistischen Unrechtsstaats stehen, kann auf diese Weise nicht erfolgen.

Noch diffuser wird die institutionelle Verantwortung, wenn es um die Rückgabe von Objekten aus kolonialem Kontext geht. In Deutschland fehlt es hier an einer klaren politischen Positionierung, die Maßstäbe und Handlungsoptionen erkennen lassen würde. In noch stärkerem Maße als bei der NS-Raubkunst sind daher tatsächlich die Museen die maßgeblichen Akteure, die den Rückgabeprozess selbst wie auch seine geschichtspolitische Deutung in die Hand nehmen (müssen). In diesem Sinne hat etwa der deutsche Museumsbund einen Leitfaden zum Umgang mit Sammlungsgut aus kolonialen Kontexten veröffentlicht,[30] der Museen eine Praxishilfe zum Umgang mit entsprechend «sensiblen Objekten» an die Hand geben soll. Er bezieht sich jedoch nicht allein auf die Frage der Rückgabe, sondern enthält in einem umfassenden Sinne unverbindliche Empfehlungen zur Museumsarbeit. Daher sind die Museen weitgehend auf sich allein gestellt.

Beiden Fällen ist gemein, dass das historische Urteil über das Unrecht, das hier wiedergutgemacht werden soll, im Wesentlichen als politisch gefällt betrachtet wird. Der breite gesellschaftliche Konsens, der den nationalsozialistischen Terror und die koloniale Gewalt verurteilt, wird in öffentlich vermittelbarer Weise heute praktisch nicht mehr in Frage gestellt. Zu dieser vermeintlichen Einhelligkeit auf der abstrakten Ebene der Geschichtsbewertung steht das politische Schweigen auf der konkreten Ebene allerdings in einem merkwürdigen Kontrast. Die einzelnen Geschichten von nationalsozialistischer Verfolgung und kolonialer Gewalt erreichen die politische Ebene praktisch nicht, sondern werden meist an die handelnden Museen delegiert – dort aber kaum im Sinne einer kritischen historischen Aufarbeitung systematisch zum Gegenstand der eigenen Ausstellungstätigkeit gemacht.

Der Fall der Rückgabeforderung der Hohenzollern scheint demgegenüber geradezu inverse Verantwortlichkeitsstrukturen hervorzubringen. Die abstrakte historische Deutung ist hier keineswegs in gleicher Weise gesellschaftlich eindeutig wie im Fall von Nationalsozialismus und Kolonialismus – und zwar sowohl in Bezug auf die Bewertung der Monarchie als auch im Hinblick auf die Enteignungen in der sowjetisch besetzten Zone. Gerade deshalb haben die verantwortlichen politischen Akteure auch die historische Bewertung in verbindlicher Form vorgenommen: bezogen auf die Monarchie durch Ausrufung der Republik und alle weiteren Folgemaßnahmen zu deren rechtlichem Aufbau, bezogen auf die Enteignungen dadurch, dass sie einen grundsätzlichen Anspruch auf Entschädigung, nicht jedoch einen Anspruch auf Rückübertragung gesetzlich festgeschrieben haben. Hinzu tritt die ausdrückliche geschichtspolitische Wertung des Gesetzgebers durch Einführung der sogenannten «Unwürdigkeitsklausel», nach der solche Anspruchsteller von den Entschädigungszahlungen ausgeschlossen sind, die dem nationalsozialistischen oder dem kommunistischen System erheblichen Vorschub geleistet haben.

Durch diesen politisch gesetzten, klaren juristischen Schnitt wäre es nun eigentlich Aufgabe von Behörden und Gerichten, die entsprechende geschichtspolitische Bewertung im Einzelnen durchzusetzen. Und in den allermeisten Fällen, in denen nur um finanzielle Entschädigungen, nicht jedoch um die Rückgabe von Kulturgütern gestritten wird, passiert auch genau das: Behörden entscheiden, ob den Antragstellern ein Entschädigungsanspruch zusteht oder ob ein solcher Anspruch aufgrund der «Unwürdigkeitsklausel» ausgeschlossen ist. Gerichte überprüfen eine solche Entscheidung, wenn sie von den Anspruchstellern angerufen werden, vollziehen also noch einmal nach, ob hier tatsächlich dem kommunistischen oder nationalsozialistischen System Vorschub geleistet worden ist. Tatsächlich gibt es in der Praxis zahlreiche Fälle, anhand derer Behörden und Gerichte genau diese Fragen verbindlich entschieden haben, und zwar handelte es sich dabei um Fälle, die denjenigen des ehemaligen Kronprinzen nicht immer ganz unähnlich waren.[31]

Auch im Fall der Hohenzollern standen ein entsprechendes behördliches Verfahren und ein darauf aufbauendes Gerichtsverfahren am Anfang des Prozesses. Diese regulären rechtsförmigen Bahnen des Streits wurden allerdings unterbrochen, als die Politik den Fall durch Aufnahme von Vergleichsverhandlungen an sich zog und damit die ursprünglich in Gesetzesform gegossene geschichtspolitische Entscheidung erst einmal unter Vorbehalt stellte. Die offizielle Begründung für diesen politischen Weg verweist dabei interessanterweise wiederum auf die Wissenschaft: Bei der Frage des «Vorschubleistens», so die Bundesregierung, handele es sich um eine vielschichtige Auslegungsfrage, die historische und juristische Bewertung verlange, wie insbesondere die sich widersprechenden Gutachten der Experten zeigten.[32]

Diese Aussage weist zunächst aus dem politischen Raum hinaus und überantwortet die Frage des «Vorschubleistens» vor allem den historischen Gutachtern, auf die Bezug genommen wird. Hinsichtlich des fachwissenschaftlichen Diskurses verkennt diese Position, dass einer der beiden Gutachter, der britisch-australische Historiker Christopher Clark, sich hinsichtlich der Kernaussage seines Gutachtens mittlerweile öffentlich korrigiert hat.[33] Das andere Gutachten des Stuttgarter Historikers Wolfram Pyta hingegen ist zum einen schon deshalb wenig aussagekräftig, weil es sich in seiner Darstellung nicht an den juristischen Maßstäben für ein «Vorschubleisten» orientiert. Darüber hinaus ist es inhaltlich derart wenig überzeugend, dass sich praktisch kein Historiker zur öffentlichen inhaltlichen Unterstützung finden lässt.[34] Der Verweis auf die Wissenschaft dient hier daher im Ergebnis gerade nicht einer Delegation der historischen Bewertung. Er zielt vielmehr auf eine Aufweichung der historischen Deutung, die durch den Gesetzgeber bereits erfolgt ist. Die vermeintliche wissenschaftliche Uneinigkeit wird insofern genutzt, um eine Verhandlungslösung jenseits der gesetzgeberischen Entscheidung herbeiführen zu können. Ob am Ende dann ein etwaiger Vergleich, wie zurzeit noch politisch in Aussicht gestellt, trotzdem dem Bundestag und den betroffenen Länderparlamenten vorgelegt wird, damit diese die letztverbindliche Entscheidung treffen, lässt sich im Moment noch nicht absehen.

Wer deutet also die Vergangenheit, wenn die Museen diese Aufgabe strukturell kaum erfüllen können? So unterschiedlich die verschiedenen Fälle des Zurückgebens sind, so sehr eint sie der fehlende politische Mut, diese Frage offen zu beantworten. Während es im Fall der NS-Raubkunst und der kolonialen Objekte generell an einer parlamentarisch verantworteten politischen Entscheidung fehlt, ist diese im Fall der Hohenzollern zwar abstrakt getroffen. Allerdings kann sich die Politik zurzeit nicht recht dazu durchringen, an ihr tatsächlich auch festzuhalten. Damit zeigt sich ein Umgang mit der Geschichte, der typisch ist für die verschiedenen Formen der Nostalgie: Am Ende ist die verbindliche historische Deutung vielleicht gar nicht gewollt. Das wohlige Wabern in der Gefühlswelt der Nostalgie fällt deutlich leichter, wenn die genauen historischen Zusammenhänge in einem diffusen Nebel verbleiben. Genau dieser nostalgisch weichgezeichnete Blick wird allerdings zum Problem, wenn es bei der reparativen Nostalgie nicht nur in einem unbestimmten Sinne darum gehen soll, die Vergangenheit zu heilen, sondern ganz konkret darum, Gerechtigkeit herzustellen.

VII.
Gerechtigkeit?

Ist es also eine Frage der Gerechtigkeit, wenn die geraubten Kulturgüter der NS-Zeit und des Kolonialismus heute restituiert werden? Die Antwort auf diese Frage scheint eindeutig zu sein – interessanterweise aber unabhängig davon, wie sie tatsächlich ausfällt. Ja, könnte man argumentieren: Nur wenn die Ausgeplünderten und Beraubten und die Erben der Ermordeten zurückerhalten, was ihnen gestohlen worden ist, kann Gerechtigkeit herrschen. Nein, könnte man einwenden: Für die Ermordung von sechs Millionen Juden und die Versklavung eines ganzen Kontinents kann es keine Gerechtigkeit geben, nicht durch die Zahlung von Geld an alle Opfer und ihre Nachfahren, nicht durch die Rückgabe von Kunstwerken an einzelne Opfer und ihre Erben. «Selbst wenn wir als Geste der Wiedergutmachung oder als Akt der Buße alles Geld der Welt erhielten», so hat es der Holocaust-Überlebende und Friedensnobelpreisträger Elie Wiesel im Zusammenhang mit der Restitution von NS-Raubkunst formuliert, «es würde doch nicht den Schmerz lindern, den wir empfinden beim Gedanken an auch nur ein ermordetes Kind in Birkenau.»[1]

Die unterschiedlichen Erwartungen an die Restitution kulminieren in einem banalen, aber entscheidenden Punkt: Restitution kann die Zeit nicht zurückdrehen. Ein gerechter Zustand, in dem die Opfer des Nationalsozialismus keine Verfolgung und die Opfer des Kolonialismus keine gewaltsame Unterwerfung erlitten haben, kann durch sie nicht hergestellt werden. Echte Gerechtigkeit kann es nach historischem Unrecht nicht geben.

Die Restitution wirft daher immer die drängende Frage auf, wie mit dieser Unvollständigkeit umgegangen werden kann und welche Bausteine zu einer gerechteren Ordnung in der Restitution begründet liegen können. Im Grunde sind es hier drei verschiedene Ebenen, die zu einer Annäherung an bestimmte Vorstellungen von Gerechtigkeit führen können: die Ebene der Ressourcenverteilung, die Ebene des Dialogs und die Ebene der symbolischen Deutung. Jede dieser Ebenen wirft gleichwohl eigene ungelöste Fragen auf.

Ressourcen

Dass durch die Restitution von Kulturgütern zunächst einmal in einem ganz allgemeinen Sinne Ressourcen neu verteilt werden, ist eine wenig überraschende Feststellung. Die Frage danach, um welche Art von Ressourcen es sich dabei handelt, ist allerdings keineswegs trivial. Denn auch und gerade bei der Restitution erweist sich die Tatsache als entscheidend, dass Kulturgüter auf der einen Seite kulturell, emotional und zuweilen auch spirituell hoch aufgeladene Gegenstände sind, auf der anderen Seite aber auch zum Teil überaus wertvolle Wirtschaftsgüter darstellen. Werden Kulturgüter als Ausdruck reparativer Nostalgie zurückgegeben, so werden damit also gleichzeitig materielle wie auch immaterielle Ressourcen neu verteilt.

Nun sind Verteilungsfragen meist schon dann relativ konfliktträchtig, wenn nur eine der genannten Ressourcendimensionen betroffen ist. Verschränken sich jedoch mehrere dieser Aspekte in derselben Verteilungsfrage, so addiert sich das Konfliktpotential dieser Auseinandersetzungen nicht einfach. Vielmehr entstehen völlig neue Dimensionen des Konflikts dadurch, dass den verteilten Ressourcen auch noch unterschiedliche Bedeutungsebenen zugemessen werden. Hier zeigt sich der wesentliche Unterschied zu der Wiedergutmachungspolitik, die ausschließlich finanzielle Entschädigungen gewährt. Deutlich wird dies etwa an der immer wieder aufflackernden Kritik, die laut wird, sobald ein an die Erben der NS-Opfer restituiertes Bild nach der Rückgabe auf dem Kunstmarkt veräußert wird.[2] Allzu schnell werden hier Vorwürfe erhoben, es ginge den Erben der Opfer doch nur um Geld. Die enttäuschten Erwartungen der Zurückgebenden brechen sich Bahn. Für sie hat das Kunstwerk vor allen Dingen eine kulturelle Bedeutung. Wird es dann auf der Seite der Restitutionsempfänger vor allen Dingen als wirtschaftliche Ressource angesehen, erleben sie diesen Bedeutungswandel oft als eine Art Demütigung, die den Verlust der kulturellen Ressource noch schmerzlicher erscheinen lässt.

Genau umgekehrt liegen die Dinge mitunter bei der Restitution kolonialer Objekte. Hier liegt ein Kern der Kritik häufig darin, dass in den europäischen Staaten, welche die Objekte zurückgeben sollen, die besondere spirituelle, sakrale oder kulturelle Bedeutung gerade nicht erkannt und geachtet wird, und zwar schon bevor es überhaupt zur Diskussion über Rückgaben kommt. Auch diese Missachtung kann als Demütigung erlebt werden, die sich über die Erinnerung an das koloniale Unrecht legt. Relativ evident ist diese Dimension bei den sogenannten human remains, menschlichen Überresten vor allem in Form von Schädeln und Knochen, die unter unterschiedlichen, teils überaus menschenverachtenden Bedingungen nach Europa verbracht wurden und hier nun bis heute in großer Zahl meist in den Depots ethnologischer oder medizinhistorischer Sammlungen lagern.[3] Die zugrundeliegenden kulturellen Vorstellungen über den angemessenen Umgang mit solchen Artefakten unterscheiden sich zwar heute in den betroffenen europäischen Ländern und in den Herkunftsländern kaum. Allerdings wirken im

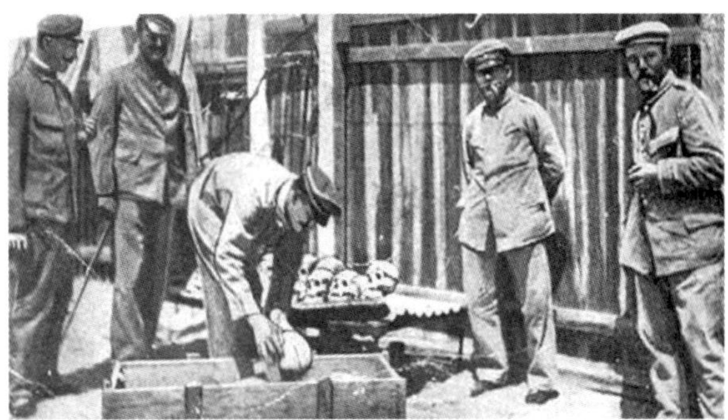

Deutsche «Schutztruppensoldaten» verpacken Schädel von Herero in Kisten für den Transport nach Berlin, wahrscheinlich Swakopmund um 1905/06

gegenwärtigen Umgang der europäischen Institutionen die kolonialen Ursprünge der Sammlungen oft nicht zuletzt deshalb fort, weil in vielen Fällen schlicht die notwendigen Informationen fehlen, um die Überreste überhaupt noch zuordnen zu können. Zum Gefühl der Herabsetzung kann es aber auch in anderen Fällen kommen, in denen die kulturellen Deutungen der Objekte tatsächlich weit auseinanderliegen. Das gilt insbesondere dann, wenn die Gegenstände in ihren Herkunftsländern als spirituell aufgeladene Objekte gelten, die beispielsweise von Geistern bewohnt werden.[4] Da die Behandlung der Artefakte in Europa diese Bedeutung nicht erfasst, wird sie schon aus diesem Grund in den Herkunftsgesellschaften häufig als kulturelle und spirituelle Demütigung empfunden.

Um eine sehr besondere Form von unterschiedlichen Bedeutungszuschreibungen geht es schließlich in vielerlei Hinsicht auch bei der gegenwärtigen Vermögensauseinandersetzung mit den Hohenzollern. Denn die allen Auseinandersetzungen zugrundeliegende Frage nach der vermögensrechtlichen Zuordnung der umstrittenen Gegenstände ist am Ende auch eine Frage danach, welche soziale und kulturelle Bedeutung man diesen Dingen zumessen will: Handelt es sich um reines Privatvermögen des heutigen Erben oder um Objekte, die aufgrund ihrer politischen oder kulturellen Bedeutung nicht eigentlich dem Gemeinwesen zustehen? Der Vertrag aus dem Jahr 1926, der diese Zuordnung bereits einmal getroffen hat, wird in den aktuellen Auseinandersetzungen in gewisser Weise nachverhandelt – genau daraus resultiert das Unbehagen, das sich an vielen Stellen öffentlich Bahn bricht.

Vor diesem Hintergrund der vielschichtigen Fragen von Ressourcenverteilung im materiellen, vor allem aber auch im sozialen, kulturellen und spirituellen Sinne birgt das Zurückgeben oft immenses Konfliktpotential, das gerade aus der unterschiedlichen Deutung der Objekte resultiert und die Idee der Gerechtigkeit in diesem Prozess oft weit in den Hintergrund treten lässt. Eine Lösung für dieses Dilemma wird in jüngerer Zeit daher oft darin gesucht, dass der Dialog in den Vordergrund des Rückgabeprozesses treten soll, um der Idee der Gerechtigkeit näherkommen zu können.

Dialog

Vor allem der Diskurs um die Rückgabe kolonialer Objekte stellt die Dimension des Dialogs für das Zurückgeben in jüngerer Zeit in besonderer Weise in den Vordergrund. Maßgebliche Impulsgeber dafür waren der französische Präsident Emmanuel Macron und der von ihm in Auftrag gegebene Expertenbericht,[5] die den Austausch mit Vertretern der afrikanischen Herkunftsländer in den Fokus rückten. In anderer Form ist die Idee allerdings auch schon bei der Rückgabe von NS-Raubkunst höchst präsent. Denn die politische Maßgabe, «faire und gerechte Lösungen» suchen zu wollen, spielt gerade in ihrer deutschen Umsetzung, die konsequent an rechtlichen Maßnahmen vorbei agiert, sehr stark auf solche «weichen» Instrumente an, mit denen die Restitution eher im Einzelfall ausgehandelt als abstrakt vorgegeben wird. In beiden Fällen handelt es sich bei der Idee des Dialogs bisher allerdings vor allen Dingen um ein Ideal, dessen fehlende Verwirklichung nur allzu oft auf der Seite der Anspruchsteller beklagt wird. Ganz anders ist die Situation hingegen im Hinblick auf die Rückgabeforderungen der Hohenzollern. Hier werden seit Jahren sehr intensive Gespräche geführt, bei denen bisher jedenfalls auch von den Beteiligten noch nicht vorgetragen worden wäre, sie fänden nicht auf gleichberechtigter Ebene statt.[6]

Allein mit dem Bekenntnis zu einem Dialog sind allerdings die Fragen zu einer gerechten Lösung keineswegs beantwortet. Ganz im Gegenteil: Der Dialog wirft selbst eine Fülle neuer Gerechtigkeitsfragen auf. Wer soll den Dialog führen? Mit wem soll gesprochen werden? Wer bestimmt über das Verfahren des Dialogs? Gerade die Frage, wer als Partner des Dialogs ausgewählt wird, ist weder trivial noch beantwortet sie sich von selbst. Jede Form des Dialogs setzt eine Auswahlentscheidung darüber voraus, mit wem gesprochen werden soll – und mit wem umgekehrt dann eben nicht.

Diese Auswahlentscheidungen erweisen sich vor allen Dingen beim Umgang mit kolonialen Objekten als überaus schwierig und führen immer wieder zu Konflikten. Insbesondere für das Humboldt Forum wurde öffentlichkeitswirksam kritisiert, dass ein Dialog auf Augenhöhe mit den Vertretern der Herkunftsgesellschaften nicht geführt wird.[7] Aber etwa auch bei der Restitution von Peitsche und Bibel des Nama-Anführers Hendrik Witbooi an den namibischen Staat machte die Nama Traditional Leaders Association, ein von traditionellen Nama-Anführern gebildeter Verband, sogar vor Gericht geltend, dass mit dem falschen Verhandlungspartner gesprochen worden war.[8] Da gerade bei der kolonialen Gewalt heute nur in wenigen Fällen das begangene Unrecht noch konkreten Einzelpersonen zugeordnet werden kann, werden die Dialogpartner vor allen Dingen nach einer Logik der Gruppenzugehörigkeit und Gruppenrepräsentation ausgewählt. Die historisch betroffenen Gruppen sind allerdings sehr oft nicht identisch mit den Gruppen, die sich heute in den ehemals kolonialisierten Ländern konstituieren – die Zerstörung bestehender und Konstituierung neuer sozialer und politischer Strukturen war in vielen Fällen gerade Teil der ausgeübten kolonialen Gewalt. Mit der Auswahl des Dialogpartners brechen daher nur allzu oft alte Wunden und aktuelle Konflikte innerhalb der Herkunftsgesellschaften auf.

Als geradezu groteske Farce dieses Problems stellt sich demgegenüber die Situation bei den Verhandlungen mit dem «Haus Hohenzollern» dar. Denn auch hier besteht in gewisser Weise das Problem, dass das ursprünglich betroffene Rechtssubjekt, der eigentliche Gesprächspartner, durch die Revolution von 1918 abhandengekommen ist. Das «Haus», die «Familie», die «Dynastie» – all das existiert in der Republik nach rechtlichen Maßstäben nicht mehr. Allein die Privatperson Georg Friedrich Prinz von Preußen kann heute Ansprüche stellen und mit der öffentlichen Hand in Verhandlungen treten. Diese bürgerliche Vereinzelung scheint ihm jedoch nicht ganz gelegen zu kommen, leitet er doch seine besondere Stellung in der Auseinandersetzung auch aus einer monarchisch-dynastischen Imagination ab. Vor Gericht wird er deshalb auch nicht müde zu betonen, er sei «Familienoberhaupt der Hohenzollern», «sog. Chef des Hauses», verwalte «alle vermögensrechtlichen und sonstigen Rechte der Vorfahren der Familie und nehme deren Interessen wahr». So absurd diese Selbstbeschreibung von einem rechtlichen Standpunkt aus auch ist – die öffentliche Hand lässt ihn gewähren. Die

Bundesregierung etwa spricht konsequent davon, mit dem «Haus Hohenzollern», nicht mit Georg Friedrich Prinz von Preußen, Verhandlungen zu führen.[9] Auch dies ist eine Form der Dialoggestaltung.[10]

Doch selbst wenn man die schwierige Klippe umschifft hat, die Dialogpartner zu bestimmen, bleibt noch die Frage offen, worüber genau eigentlich gesprochen werden soll. Auch hier können die Vorstellungen denkbar weit auseinanderliegen. Geht es um den Einzelfall? Geht es um das Unrecht als Ganzes? Was genau ist das Ziel des Dialogs? Geht es um Ausgleich und Entschädigung? Oder nur um Anerkennung und Austausch? Liegen hier die Vorstellungen der Gesprächspartner unausgesprochen zu weit auseinander, kann der Dialog statt zur Annäherung schnell auch zur Vergrößerung des Konflikts führen.

Schließlich muss auch damit umgegangen werden, dass mitunter ein Dialog nicht möglich ist oder von der Gegenseite nicht gewünscht wird. Gerade bei der Wiedergutmachung nationalsozialistischen Unrechts traten und treten immer wieder Fälle auf, in denen heute keine Opfer und auch keine Erben von Opfern mehr in einen Dialog eingebunden werden können, weil die gesamte Familie durch die nationalsozialistische Vernichtungspolitik ausgelöscht wurde. Darüber hinaus kann der Dialog auch daran scheitern, dass die ehemaligen Opfer oder ihre Nachkommen das Gespräch verweigern – weil sie keinen Austausch möchten, weil sie nicht verzeihen können oder sich einfach nicht mit der Erinnerung konfrontieren wollen.[11] Will man den ehemaligen Opfern Gerechtigkeit zuteilwerden lassen, muss man auch diese Entscheidung akzeptieren. Der Dialog kommt hier an seine Grenzen.

Symbolik

Wenn aber auch die Möglichkeiten des Dialogs, Gerechtigkeit voranzubringen, derart eingeschränkt sind, dann tritt als dritte Ebene die symbolische Bedeutung des Zurückgebens besonders in den Vordergrund. Diese Form der Symbolik ist dabei nicht in einem negativen Sinne zu verstehen, der das «nur Symbolische» vom «Echten» und «Substantiellen» abgrenzen will. In der Symbolik liegt vielmehr etwas Positives mit eigener Substanz: Durch ihren symbolischen Gehalt wird die Rückgabe selbst zu einem Kommunikationsakt, durch den kulturelle und geschichtspolitische Inhalte transportiert werden können. Das Anerkenntnis historischer Schuld, der Respekt vor den Opfern, das Bedauern, die Bitte um Vergebung, all dies kann als kulturelle Botschaft mit dem Zurückgeben verbunden werden. Gleichzeitig erfolgt mit dem Zurückgeben auch eine symbolische Deutung der Vergangenheit: Ein bestimmter historischer Vorgang wird als Unrecht anerkannt.

Der Zugang zur Gerechtigkeit erfolgt hier also durch die Herstellung von Erinnerung. Indem das Unrecht symbolisch anerkannt und symbolisch «wiedergutgemacht» wird, sollen die Geschichte dieses Unrechts und die Geschichte der ehemaligen Opfer in die kollektive Erinnerung aufgenommen und in ihr präsent gehalten werden. Die Symbolik kann daher einen Beitrag dazu leisten, den ehemaligen Opfern und ihren Nachfahren zumindest eine gewisse ideelle Genugtuung zu verschaffen, ein Zeichen des Respekts und der Ehrerbietung, die den erlittenen Schmerzen zumindest in geringem Umfang etwas entgegensetzen können. Diese Genugtuungsfunktion, die aus der Gestaltung der kollektiven Erinnerung folgt, ist bei der Wiedergutmachung des nationalsozialistischen und des kolonialen Unrechts relativ offensichtlich. Auch von politischer Seite wird hier immer wieder betont, dass es bei der Rückgabe insbesondere um die «Anerkennung der Opferbiographien»[12] gehe.[13] In gewisser Weise scheint dieser Aspekt aber auch bei den Gesprächen um das ehemalige monarchische Vermögen der Hohenzollern eine Rolle zu spielen. Die Tatsache, dass in die Verhandlungen über die Wiedergutmachung der Enteignungen in der sowjetischen Besatzungszone auch die vermeintlichen Unklarheiten bei der Vermögensauseinandersetzung von 1926 eingebunden werden, genau wie die konsequente Imagination der Angelegenheit als eine solche des «Hauses Hohenzollern» lassen erahnen, dass es hier möglicherweise auch darum geht, eine symbolische (Wieder-)Anerkennung der Leistungen der Monarchie zu erreichen. Gerade dieser Aspekt ist vermutlich einer der Gründe, warum das Thema in der öffentlichen Diskussion derart intensiv die Gemüter erhitzt.

Damit bleibt aber noch die Frage unbeantwortet, wann das Zurückgeben tatsächlich als symbolischer Akt eine solche Erinnerungsleistung erbringen kann. Wie werden die Inhalte bestimmt, die auf symbolischer Ebene durch das Zurückgeben transportiert werden? Sowohl die politischen Akteure als auch die Museen als maßgebliche kulturelle Akteure sind hier in besonderer Weise gefragt, denn die Symbolik des Zurückgebens entsteht nicht einfach von selbst, sie muss produziert werden. Insbesondere im Hinblick auf den Umgang mit kolonialen Objekten sind daher in jüngerer Zeit die Verantwortlichen in Politik und Museen immer wieder dafür kritisiert worden, dass ihre Erzählungen und ihre Symbolik allein den Blickwinkel der ehemaligen Kolonialmächte wiedergeben und daher gerade nicht geeignet sind, eine neue Form kollektiver Erinnerung zu etablieren, die den ehemaligen Kolonialisierten gerecht werden kann.

Doch auch bei der Restitution von NS-Raubkunst verschiebt

sich die Symbolik nur allzu oft weg von einer Erinnerungspolitik, die das begangene Unrecht vergegenwärtigt und in der kollektiven Erinnerung verankert, hin zu einer sehr spezifischen Form von Museumspolitik, die vor allen Dingen eine moralische Säuberung der Kulturinstitution bezweckt.[14] Anlass dieser Verschiebung ist ein Wechsel des Fokus von der Bedeutung des historischen Unrechts für die damaligen Opfer auf die Bedeutung dieses Unrechts für die heutigen Kunstwerke und ihre Betrachter. Die durch die Bilder verkörperte Geschichte nationalsozialistischen Raubes ist in dieser Perspektive dann nicht mehr der wesentliche Punkt, an den symbolisch erinnert werden soll, sondern wird vielmehr zum Störfaktor entweder für den Museumsbesucher, der sich nicht «wohlfühlen» könne, wenn ein geraubtes Bild unter den Exponaten zu finden sei, oder für das Museum als Institution, weil weder seine Verantwortlichen noch seine Besucher auf diese Museumsexponate «stolz» sein könnten.[15]

Diese Idee einer durch das historische Unrecht beschmutzten Aura des Museums kann so weit gehen, dass eine symbolische Reinigung des Museums im Zusammenhang mit der Rückgabe inszeniert wird. Ein eindrückliches Beispiel dafür ist der Fall des Bildes «Die Labung» von Hans von Marées aus dem Museum Wiesbaden. Im Jahr 2013 wurde das Werk als Raubkunst identifiziert. Es hatte dem jüdischen Sammler Max Silberberg gehört, der von den Nationalsozialisten zunächst ausgeplündert und später in einem Konzentrationslager ermordet worden war.[16] Mit den Erben einigte man sich auf eine Restitution mit gleichzeitigem Rückkauf des Bildes für das Museum. Um die Mittel für diesen Kauf zu beschaffen, startete das Museum eine großangelegte Spendenaktion, über die ein Drittel des Kaufpreises finanziert werden sollte. Zentraler kommunikativer Bestandteil der entsprechenden Kampagne, die unter dem Titel «Wiesbaden

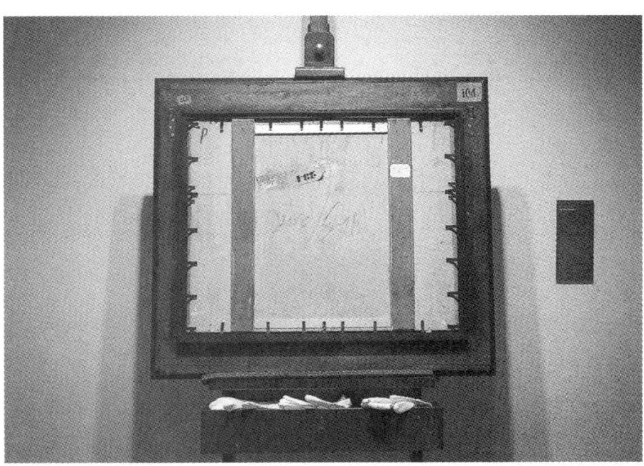

Rückansicht: «Die Labung» von Hans von Marées, Museum Wiesbaden, 2014

schafft die Wende»[17] lanciert wurde, war eine Inszenierung in den Ausstellungsräumen des Museums: In den sieben Wochen, in denen die Spenden gesammelt wurden, wurde das Bild mit der Vorderseite zur Wand in die Ausstellung gehängt, so dass die Besucher nur die Rückseite der Leinwand betrachten konnten. Erst nachdem die erforderliche Spendensumme eingenommen worden war, wurde das Gemälde in einer öffentlichkeitswirksamen Zeremonie «gewendet», die Vorderseite also für das Publikum enthüllt und den öffentlichen Blicken wieder zugänglich gemacht.[18]

Auch wenn diese Form der Inszenierung in erster Linie dazu diente, die Spendensammlung mit einem medienwirksamen Eventcharakter anzureichern, bediente sich das Marketing dabei doch genau der hier beschriebenen Elemente in der Wahrnehmung musealer Raubkunst. Die Unreinheit des noch mit Schuld belasteten geraubten Bildes und die damit verbundene Scham wurden symbolisch ausgedrückt durch die Wendung der Vorderseite, des «Gesichts» des Kunstwerks, zur Wand. Erst in dem

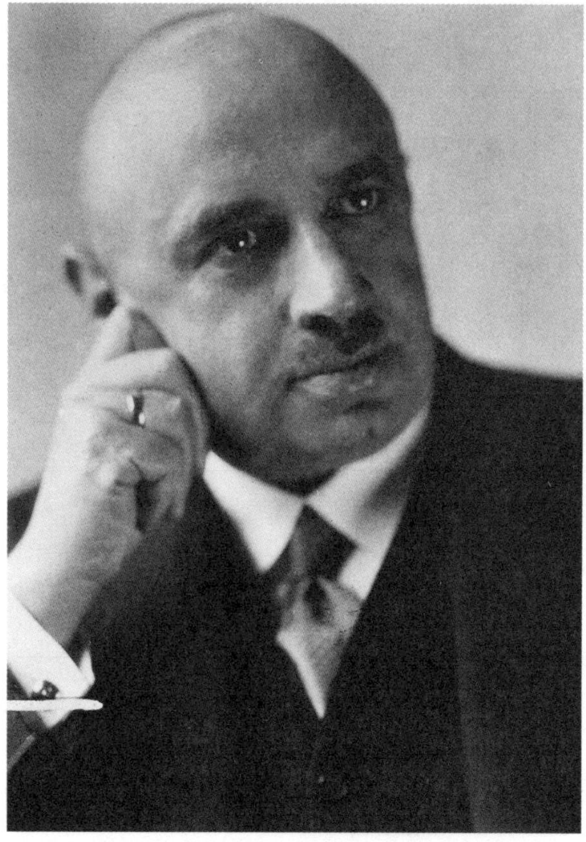

Max Silberberg (1878–1942), Datum der Aufnahme unbekannt

Moment, in dem durch den Rückkauf die moralische Reinigung des Bildes stattgefunden hatte, durfte das Bild wieder mit seiner Vorderseite sichtbar gemacht werden. Die Verfolgungsgeschichte Max Silberbergs hatte in dieser Inszenierung hingegen keinen Raum. Die Scham, die hier ausgedrückt wurde, war subjektlos und auf das Bild selbst bezogen, nicht hingegen auf den konkreten Fall nationalsozialistischer Verfolgung und Vernichtung, auf die das Bild hätte verweisen können. Gerechtigkeit sollte hier in erster Linie dem Museum, nicht aber den Opfern des Nationalsozialismus zuteilwerden.

Gerechtigkeit und Selbstgerechtigkeit

Das letzte Beispiel zeigt sehr anschaulich, welche Gefahr dem Streben nach Gerechtigkeit beim Zurückgeben innewohnt: Nur allzu schnell kann die erstrebte Gerechtigkeit zur Selbstgerechtigkeit werden. Vonseiten der Zurückgebenden ist viel Demut erforderlich, viel Selbstkritik, große Bereitschaft zum Dialog, aber auch zum Zuhören, damit nicht die eigenen Befindlichkeiten und der eigene Wunsch nach Rehabilitierung im Vordergrund des Prozesses stehen. Doch selbst dann, wenn es gelingt, die Gefahr der Selbstgerechtigkeit erfolgreich zu umgehen, folgt daraus noch keine Gerechtigkeit für die ehemaligen Opfer und ihre Nachfahren. Denn ob sie die Rückgabe, den Dialog und alle Symbolik am Ende tatsächlich als ausreichend betrachten, um zumindest einen kleinen Beitrag zur Wiedergutmachung dessen zu leisten, was nicht gutgemacht werden kann, liegt allein bei ihnen. Jeder Versuch, dieses Gerechtigkeitsempfinden als Außenstehender zu beurteilen, kann nur anmaßend sein. Bei allem Wunsch der Heilung, den die restaurative Nostalgie auslöst, muss sie damit leben, dass historisches Unrecht nie geheilt und nie ungeschehen gemacht werden kann. Es muss vergeben werden.

VIII.
Vergangenheit, Gegenwart, Zukunft

Die Vergangenheit mag nicht vergangen sein. Aber ihre Spuren in der Gegenwart sind doch am Ende nur ein Zerrbild. Die großen geschichtlichen Begebenheiten der Vergangenheit, so hat es der Historiker Reinhardt Wittram formuliert, erscheinen als «in der Kälte des entflohenen Lebens erstarrte Bilder, die uns in Distanz halten. [...] Wir mögen mit Scharfsinn und Vorstellungskraft die erstarrten Mechanismen alter Behörden wieder funktionieren sehen – sie bleiben lautlos für uns; wir mögen mit höchster literarischer Kunst ein Antlitz wieder lebendig machen – der Mund bleibt stumm, das Lachen kehrt nicht wieder, der Schrei ist erstorben.» So wie in den Worten Wittrams die Historiker, so betreiben auch die Nostalgiker «ein sonderbares Geschäft»: Sie «hausen in den Totenstädten, umfangen die Schatten, zensieren die Abgeschiedenen».[1]

Wir können keine Welt erschaffen, in der es die Shoah nicht gegeben hat, und es ist nicht nur müßig, sondern in gewisser Weise auch höchst zynisch, eine solche Welt imaginieren zu wollen. Dasselbe gilt für die koloniale Gewaltherrschaft. Sie ist Teil der Geschichte, Teil unserer Geschichte. Unsere Aufgabe heute ist es, mit diesem Zivilisationsbruch zu leben, ihn auszuhalten und aus seiner Erfahrung heraus Gegenwart und Zukunft zu gestalten. Kein Zurückgeben kann das Unrecht ungeschehen machen. Für die ehemaligen Opfer und ihre Nachfahren bleibt die Rückgabe daher immer unvollständig. Weil die Wunden, die das Unrecht geschlagen hat, unheilbar sind, ist es umso wichtiger, sich darüber zu verständigen, welche Bedeutung das Zurückgeben hat – und zwar vor allen Dingen für die Gegenwart und die Zukunft. Eine Gesellschaft, die sich für das Zurückgeben entscheidet und sich auf diese Weise ihrer Vergangenheit stellen will, muss sich auch mit der Bedeutung dieses am Ende höchst symbolischen Aktes auseinandersetzen. Dafür ist es vor allen Dingen erforderlich, dass das Zurückgeben nicht als etwas Selbstverständliches, Vorgegebenes oder gar Erzwungenes dargestellt wird, sondern als bewusster politischer Prozess, den es zu gestalten gilt.

Die reparative Nostalgie, dieses wohlige Gefühl, mit dem die Vergangenheit geheilt werden soll, kann diese politische Gestaltungsdimension mitunter in den Hintergrund treten lassen. Denn auf emotionaler Ebene ist die Trennlinie zur restaurativen Nostalgie nur allzu dünn. Ein unreflektiertes «alles muss raus», wie es bei der Entfernung der Nolde-Gemälde aus dem Arbeitszimmer der Kanzlerin mitschwang, ist von einem unreflektierten «alles war gut» manchmal gar nicht mehr so genau zu unterscheiden, wenn das Zurückgeben eben auch dazu dient, die Objekte aus dem Blickfeld zu schaffen und sich so mit dem in ihrem Zusammenhang begangenen Unrecht nicht mehr auseinandersetzen zu müssen. Dann spielt die reparative Nostalgie aber paradoxerweise gerade den Ewiggestrigen und den Verharmlosern in die Hände, die in restaurativer Nostalgie versinken und das historische Unrecht nicht heilen, sondern ausblenden wollen, um daraus keine Schlüsse für die Gegenwart ziehen zu müssen.

Gerechtigkeit entsteht nicht aus der Vergangenheit, sondern aus dem Hier und Jetzt und für die Zukunft. Das bedeutet nicht, dass man im Dienste der Gerechtigkeit die Vergangenheit wegwischen sollte. Ganz im Gegenteil. Gerade bei der Restitution von Kulturgütern darf der Versuch des Wiedergutmachens nicht zu einem Nicht-Aushalten werden und das Zurückgeben kein

Loswerden sein. Eine Annäherung an eine schwierige Form von Gerechtigkeit kann nur entstehen, wenn man aus der Vergangenheit lernt, aber trotzdem nach vorne blickt und das Gefühl der Nostalgie nicht die Zukunft verschlingen lässt.

Die Restitution von Kulturgütern ist daher nicht in erster Linie ein nostalgisches, sondern ein politisches Projekt – und sollte auch als solches gesehen und behandelt werden. Die mit ihr verfolgte Geschichtspolitik hat dabei dann nicht die Aufgabe, historische Wahrheiten verbindlich festzulegen, sondern dient dazu, einen wertgebundenen Umgang mit der Vergangenheit zu finden. Dabei sollten alle beteiligten Akteure den Mut aufbringen, auch im Zeitalter der Nostalgie wieder mehr Gegenwart zu wagen.

Anmerkungen

Von Bildern, Bibeln, Burgen: Dinge, die zurücksollen

1 Faulkner, Requiem für eine Nonne, 1. Akt, 3. Szene.

2 Lübbe, in: Borsdorf/Grütter/Rüsen (Hrsg.), Die Aneignung der Vergangenheit, S. 13 (13).

3 Zu den Schwierigkeiten einer akkuraten, wissenschaftlichen Rekonstruktion der Vergangenheit durch die Geschichtswissenschaft s. nur Veyne, Geschichtsschreibung – Und was sie nicht ist, 1990.

4 Die genauen Umstände dieses Verlustes sind im Prozess um das Gemälde strittig geblieben. Während die Erben von Lea Bondi-Jaray eine Wegnahme schilderten, die die Eigentümerin aufgrund der bevorstehenden Flucht dulden musste, trug die Republik Österreich vor, es habe sich um einen Zwangsverkauf gehandelt.

5 Vgl. dazu etwa Surmann, Shoah-Erinnerung und Restitution, 2012.

6 Nicholas, The Rape of Europa, 1994; Feliciano, The Lost Museum, 1997. Zur Bedeutung dieser Bücher s. a. Eizenstat, Unvollkommene Gerechtigkeit, 2003, S. 244 f.; Dellheim, in: Kirshenblatt-Gimblett/Karp (Hrsg.), The Art of Being Jewish in Modern Times, 2008, S. 319 (329).

7 Wie stark sich hier Popkultur und Politik vermischen, lässt sich etwa daran ablesen, dass die Schauspielerin Helen Mirren aufgrund ihrer Rolle in dem Film als Sachverständige in einer Anhörung des US-Senats zu einem Gesetzentwurf über die Rückgabe von NS-Raubkunst (HEAR Act) geladen wurde. Die vollständige Stellungnahme ist unter <http://www.commartrecovery.org/docs/06-07-16MirrenTestimony.pdf> abrufbar.

8 Die Bezeichnung als «Gemeinsame Erklärung» legt dabei nahe, dass es sich um ein von den Beteiligten gemeinsam unterzeichnetes Dokument handeln würde. Tatsächlich hat eine solche Unterzeichnung jedoch nach schriftlicher Auskunft der Bundesbeauftragten für Kultur und Medien vom 9.2.2017 nicht stattgefunden. Auf Seiten des Bundes wurde die Erklärung vom Bundesbeauftragten für Kultur und Medien, dem Auswärtigen Amt, dem Justizministerium und dem Finanzministerium abgestimmt. Auf Seiten der Länder wurde die Erklärung am 9.12.1999 von der Kultusministerkonferenz offiziell beschlossen. In welcher Form der Deutsche Städte- und Gemeindebund, der Deutsche Städtetag und der Deutsche Landkreistag intern die Gemeinsame Erklärung beraten haben, ist nicht näher dokumentiert. Der Bundesregierung liegen dazu nach eigenen Angaben keine Informationen vor.

9 Vgl. dazu ausführlich Schönberger, Was heilt Kunst?, 2019, S. 111 ff.

10 Vgl. dazu Schönberger, Was heilt Kunst?, 2019, S. 122 ff. Am 15.11.2019 verabschiedete der Bundestag zwar einen Entschließungsantrag, der die Bundesregierung aufforderte, die Restitution fortzusetzen, Bundestags-Drucksache 19/13 511. Dieser Antrag setzt aber keinerlei eigene Impulse, sondern dient lediglich der Unterstützung der bisherigen Regierungspolitik.

11 Insofern zeigt sich hier eine dahingehende Parallele zur NS-Raubkunst, als auch hier unmittelbar nach dem Zweiten Weltkrieg nicht nur eine erste Debatte stattfand, sondern tatsächlich auch erste Maßnahmen zur Rückerstattung der im Nationalsozialismus aufgrund rassischer oder politischer Verfolgung verlorenen Vermögensgegenstände getroffen wurden. Kunstwerke waren allerdings von dieser ersten Phase der Restitution nur in einem äußerst geringen Ausmaß betroffen. Vgl. zu diesem Komplex insgesamt Goschler, Wiedergutmachung, 2009; Lillteicher, Raub, Recht und Restitution, 2007.

12 S. dazu Sarr/Savoy, Zurückgeben, 2019, S. 41 ff.

13 Der Text der Rede ist abrufbar unter <https://www.elysee.fr/emmanuel-macron/2017/11/28/discours-demmanuel-macron-a-luniversite-de-ouagadougou>.

14 Deutsche Version: Sarr/Savoy, Zurückgeben, 2019.

15 Grütters/Müntefering, «Eine Lücke in unserem Gedächtnis», FAZ vom 15.12.2019, S. 11.

16 Erste Eckpunkte zum Umgang mit Sammlungsgut aus kolonialen Kontexten der Staatsministerin des Bundes für Kultur und Medien, der Staatsministerin im Auswärtigen Amt für internationale Kulturpolitik, der Kulturministerinnen und Kulturminister der Länder und der kommunalen Spitzenverbände vom 13.3.2019, abrufbar unter <https://www.bundesregierung.de/resource/blob/973862/1589206/3c890df9817f100acf6948d15de63a91/2019-03-13-bkm-anlage-sammlungsgut-data.pdf>.

17 Für die Jahre 1970 bis 2015 macht Kohl, «So schnell restituieren die Preußen nicht», FAZ v. 17.5.2018, S. 11, fünf Rückgaben von Kulturgütern aus.

18 Vgl. dazu auch Heft 1 des Magazins des Deutschen Historischen Museums «Historische Urteilskraft».

19 Zugespitzt etwa Fleischhauer, «Warum afrikanische Kunst in Europa am besten aufgehoben ist», Spiegel online v. 10.1.2019, <https://www.spiegel.de/politik/ausland/raubkunst-museen-koennen-fremde-kunst-und-kultur-bewahren-kolumne-a-1247390.html>.

20 «Ich lehne diese Argumentation der Gleichsetzerei ab», Beitrag auf Deutschlandfunk Kultur v. 26.11.2018, <https://www.deutschlandfunkkultur.de/bredekamp-widerspricht-savoys-empfehlungen-ich-lehne-diese.1013.de.html?dram:article_id=434280>.

21 Dies bedeutet freilich nicht, dass es nicht auch hier zu strittigen Fällen

und Fehlentscheidungen kommen kann. Die Restitution des Schiele-Gemäldes «Wally» in den 1950er Jahren an die falschen Erben ist dafür genauso ein Beispiel wie die falsche Restitution des Klimt-Gemäldes «Apfelbaum II».

22 Vgl. Landtags-Drucksache Baden-Württemberg 16/5739 v. 13.2.2019.

23 Verfassungsgerichtshof für das Land Baden-Württemberg, Beschluss v. 21.2.2019, Aktenzeichen 1 VB 14/19.

24 § 1 Abs. 4 Ausgleichsleistungsgesetz.

25 Diese Entscheidung traf die zuständige Behörde im Land Brandenburg. Im Land Berlin ist über den entsprechenden Antrag bis heute nicht verbindlich entschieden worden.

26 Dabei fällt auf, dass nur eines der vier Gutachten, die Untersuchung von Stephan Malinowski, tatsächlich die historischen Erkenntnisse zu der von der Rechtsprechung ausdifferenzierten juristischen Bewertung in Verbindung setzt und zu dem absolut überzeugenden Ergebnis kommt, dass das Kriterium des «Vorschubleistens» hier erfüllt ist. Eine ausführlichere Darstellung des juristischen Hintergrunds findet sich auch bei Gärditz, Jahrbuch des öffentlichen Rechts der Gegenwart 69 (2021), i. E.

27 Vertrag über die Vermögensauseinandersetzung zwischen dem Preußischen Staate und den Mitgliedern des vormals regierenden Preußischen Königshauses, verabschiedet vom Preußischen Abgeordnetenhaus am 26.10.1926, abgedruckt in: Preußische Gesetzessammlung 1926, S. 271 ff.

28 Antwort der Bundesregierung auf die Kleine Anfrage der Abgeordneten Simone Barrientos, Dr. Petra Sitte, Doris Achelwilm, weiterer Abgeordneter und der Fraktion DIE LINKE – Ansprüche der Hohenzollern auf öffentliche Kulturgüter v. 30.8.2019, Bundestags-Drucksache 19/12 871.

29 Vgl. etwa den Überblick von v. Arentin, in: Biskup/Kohlrausch (Hrsg.), Das Erbe der Monarchie, 2006, S. 161 ff.

30 Vgl. etwa den Überblick bei Kaufhold, in: Schulz/Denzel (Hrsg.), Deutscher Adel im 19. und 20. Jahrhundert, 2004, S. 261 ff.; Schüren, Der Volksentscheid zur Fürstenenteignung 1926, 1978, S. 21 ff.

31 § 7 Abs. 1 des Vertrags über die Vermögensauseinandersetzung zwischen dem Preußischen Staate und den Mitgliedern des vormals regierenden Preußischen Königshauses (Fn. 27).

32 Im Gegenzug für die Übertragung der Burg verpflichtete sich die Gemeinde, die Burg weder zu veräußern noch unentgeltlich anderen Nutzern zu überlassen und sie als historisches Denkmal zu erhalten. Bei Verletzung dieser Verpflichtungen sollte die Preußische Krongutsverwaltung, d. h. die Stelle, die bis zu einer endgültigen Einigung das Vermögen der Hohenzollern für den preußischen Staat verwaltete, die Rückübertragung der Burg verlangen können. Georg Friedrich Prinz

von Preußen verlangte nun vor Gericht die Feststellung, dass er derjenige ist, der diese vertraglichen Ansprüche der preußischen Krongutsverwaltung geltend machen kann, dass also im Fall einer Verletzung der Vertragsbedingungen aus dem Jahr 1924 die Burg heute an ihn überschrieben werden muss.

33 Landgericht Koblenz, Urteil vom 25.6.2019, Aktenzeichen 1 O 50/18. Berechtigt aus dem Vertrag sei ursprünglich die preußische Krongutsverwaltung als Teil des preußischen Staats, nicht hingegen das Haus Hohenzollern gewesen. Wenn jemand heute aus dem Vertrag berechtigt sei, sei es niemand anderes als das Land Rheinland-Pfalz.

34 <https://www.burg-hohenzollern.com/Kira-Stiftung.html>.

35 Wiegrefe, «Scharf aufs Silber», Der Spiegel 48/2020, S. 48 f.

36 Man sehe sich, so die Anwälte, «leider gezwungen, einen formellen Anspruch auf den Besitz von Haus Doorn, das dazugehörige Inventar und das umliegende Gut sowie zwei dazugehörende Bauernhöfe zu erheben». Hintergrund dieser Forderung ist der Umstand, dass Haus Doorn, der Wohnsitz des ehemaligen Kaisers im niederländischen Exil, im Ausgang des Zweiten Weltkriegs vom niederländischen Staat als «Feindvermögen» eingezogen wurde – so wie der Besitz aller in den Niederlanden lebenden Deutschen. Die entsprechende gesetzliche Regelung sah allerdings vor, dass die Einziehung auf Antrag des Betroffenen aufgehoben werden konnte, wenn der Betroffene nachwies, dass es sich bei seinem Vermögen nicht um «Feindvermögen» handelte. Einen entsprechenden Antrag des ehemaligen Kronprinzen Wilhelm, der auf die fehlende Verstrickung mit dem nationalsozialistischen Deutschland verwies, lehnte die niederländische Regierung jedoch ab. Auch dem 70 Jahre später unternommenen zweiten Versuch in dieser Sache blieb der Erfolg verwehrt.

Von Vergangenheit und Gegenwart, oder: Drei Arten der Nostalgie

1 Baumann, Retrotopia, 2017, S. 13.

2 Die Unterscheidung zwischen reflektiver und restaurativer Nostalgie wird entwickelt von Boyme, The Future of Nostalgia, 2001.

3 Vgl. Knell, National Galleries. The Art of Making Nations, 2016, S. 3 ff.

4 Rede vom 18.1.2017, in Auszügen dokumentiert unter <https://www.zeit.de/news/2017-01/18/parteien-die-hoecke-rede-von-dresden-in-wortlaut-auszuegen-18171207>.

5 Rede vom 2.6.2018, Text im Wortlaut abrufbar unter < https://www.afdbundestag.de/wortlaut-der-umstrittenen-passage-der-rede-von-alexander-gauland/>.

6 Vgl. etwa Rietzschel/Schneider, «Der Faktor Ost-Wut», Süddeutsche Zeitung v. 6.8.2019, S. 5.

7 Vgl. zur Bedeutung des Eigentumskonzepts Schönberger, Was heilt Kunst?, 2019, S. 200 ff.
8 Antwort der Bundesregierung auf die Kleine Anfrage der Abgeordneten Simone Barrientos, Dr. Petra Sitte, Doris Achelwilm, weiterer Abgeordneter und der Fraktion DIE LINKE – Ansprüche der Hohenzollern auf öffentliche Kulturgüter v. 30.8.2019, Bundestags-Drucksache 19/12 871, S. 5 f.
9 Antwort der Staatsministerin Prof. Monika Grütters vom 12.9.2019 auf die schriftliche Frage des Abgeordneten Erhard Grundl, Bundestags-Drucksache 19/13 176, S. 3; Antwort der Bundesregierung auf die Kleine Anfrage der Abgeordneten Simone Barrientos, Dr. Petra Sitte, Doris Achelwilm, weiterer Abgeordneter und der Fraktion DIE LINKE – Ansprüche der Hohenzollern auf öffentliche Kulturgüter v. 30.8.2019, Bundestags-Drucksache 19/12 871, S. 2.

Unrecht

1 Dabei wird natürlich nicht verkannt, dass auch Private von diesem staatlichen Unrecht oft massiv profitiert haben und deshalb heute auch in unterschiedlichen Zusammenhängen Rückgabeansprüche gegen Private geltend gemacht werden. Das ändert allerdings nichts daran, dass diese Profiteure lediglich am staatlichen Unrecht partizipiert haben, der Staat selbst jedoch der Urheber des Unrechts war.
2 Vgl. dazu etwa Habermas, Historische Anthropologie 27 (2017), S. 327 ff.; umfassend Lundén, Displaying Loot, 2016, S. 121 ff.
3 Tatsächlich hat die Bundesregierung Ende April 2021 ihre «grundsätzliche Bereitschaft zu substanziellen Rückgaben von Benin-Brozen» erklärt. Konkrete Handlungsschritte müssen jedoch erst entwickelt werden.
4 Instruktiv sind in diesem Sinne die zeitgenössischen Erinnerungen von Boisragon, The Benin Massacre, 1897. Alan Boisragon war einer von zwei Überlebenden einer kleinen britischen Militärexpedition nach Benin, die von den Einheimischen gewaltsam abgewehrt wurde. Die Plünderung von Benin-City stellte sich aus britischer Sicht als «Strafexpedition» für diesen Rückschlag dar. Dementsprechend bezeichnet das titelgebende «Benin Massacre» auch die gewaltsame Zurückschlagung der britischen Invasoren, nicht jedoch die Zerstörung von Benin-City. In dieser Terminologie sind die historischen Ereignisse auch in die britische Geschichtsschreibung eingegangen.
5 Vgl. etwa nur Kämmerer, Verfassung und Recht in Übersee 39 (2006), 397 ff.; Frey, in: Frei/Weinke (Hrsg.), Toward a New Moral World Order, 2013, S. 94 ff.
6 Vgl. nur Siehr, International Art Trade and the Law, Collected Courses of the Hague Academy of International Law 243 (1993-VI), S. 156 ff.

7 Vgl. etwa nur Renz, Auschwitz vor Gericht, 2018; Rosenau, Tödliche Schüsse im staatlichen Auftrag, 2. Aufl., 1998.

8 Vgl. insgesamt zur Debatte um den Kolonialismus in der Weimarer Republik etwa Schmokel, Der Traum vom Reich, 1967; aus der jüngeren Literatur anhand eines konkreten Beispiels etwa Habermas, Skandal in Togo, S. 29 ff.

9 Zur Geschichte der Dekolonisation vgl. nur Chamberlain, Longman Companion to European Decolonisation in the Twentieth Century, 1998.

10 Vgl. etwa nur den Überblick bei Bachmann-Mehdick, Cultural turns, 6. Aufl., 2018.

11 Für den hier betrachteten Bereich der Restitution von Kulturgütern s. Odendahl, Kulturgüterschutz, 2005, S. 181 ff.

12 Vgl. dazu nur die Beiträge in Reichel/Schmid/Steinbach (Hrsg.), Der Nationalsozialismus – die zweite Geschichte, 2009.

13 Ausführlich dazu Etzel, Die Aufhebung von nationalsozialistischen Gesetzen durch den Alliierten Kontrollrat (1945–1948), 1992.

14 Bundesverfassungsgericht, Amtliche Entscheidungssammlung Bd. 23, S. 98; vgl. insgesamt etwa nur Schwill, Kritische Vierteljahresschrift für Gesetzgebung und Rechtswissenschaft 85 (2002), S. 79 ff.

15 Nur eine einzige solcher Klagen hatte tatsächlich Erfolg, s. dazu Schönberger, Was heilt Kunst?, 2019, S. 22 f.

16 Diese Vorschriften mündeten später in das im Jahr 1953 vom Bundestag erlassene Bundesentschädigungsgesetz, vgl. dazu Biella, in: ders. (Hrsg.), Das Bundesrückerstattungsgesetz, 1981, S. 73 ff.

17 Ausführlich dazu Schönberger, Was heilt Kunst?, 2019, S. 20 ff.

18 Lillteicher, Raub, Recht und Restitution, 2. Aufl., 2007, S. 14; Schwarz, Juristische Schulung 1986, S. 433 (434).

19 Bundesgerichtshof, Urteil v. 8.10.1953, Aktenzeichen IV ZR 30/53, Amtliche Entscheidungssammlung in Zivilsachen, Bd. 10, S. 340 (343 ff.); Wogersien, Die Rückerstattung von ungerechtfertigt entzogenen Vermögensgegenständen, 2000, S. 24. Ein anderer Grund lag darin, dass nur diese Fristenregelung und die mit ihr verbundene Ausschlusswirkung dazu führen konnte, dass die nicht angemeldeten Ansprüche auf die jüdischen Nachfolgeorganisationen übergehen konnten, s. dazu Schönberger, Was heilt Kunst?, 2019, S. 35 f.

20 Dabei hat sich die entsprechende Anschauung innerhalb relativ kurzer Zeit stark gewandelt. Denn noch im Vermögensgesetz, das für das Gebiet der neuen Bundesländer auch die dingliche Rückerstattung für die Verfolgten des Nationalsozialismus nachholte und dabei auf die Vorschriften des alliierten Rückerstattungsrechts verwies, sah man entsprechend kurze Fristen vor. Entsprechende Anträge wären bis zum 31.12.1992 bzw. für bewegliche Sachen bis zum 30.6.1993 zu stellen.

21 Vgl. nur den Vortrag der Parteien im Verfahren vor dem Bundesverfas-

sungsgericht, das diese Frage offenlassen konnte, Bundesverfassungsgericht, Amtliche Entscheidungssammlung Bd. 112, S. 1 ff.

22 Bundesverfassungsgericht, Amtliche Entscheidungssammlung Bd. 84, S. 90 ff.; Bd. 94, S. 12 f.; Bd. 112, S. 1 ff.

23 Darüber hinaus sieht § 5 Ausgleichsleistungsgesetz vor, dass bewegliche Dinge, d. h. alle enteigneten Objekte jenseits von Grundstücken und Gebäuden, im Grundsatz in natura zurückzugeben sind.

24 § 2 Abs. 1 des Vertrags über die Vermögensauseinandersetzung zwischen dem Preußischen Staate und den Mitgliedern des vormals regierenden Preußischen Königshauses (Fn. 27).

25 <https://www.dielinke-brandenburg.de/politik/volksinitiative/>.

26 Dass diese Auffassung schon zur damaligen Zeit weit verbreitet war, zeigt die erhebliche Zustimmung zum Volksentscheid über die Fürstenenteignung im Jahr 1926. Die Initiative zur entschädigungslosen Enteignung der ehemaligen deutschen Herrscherhäuser erreichte eine Zustimmung von mehr als 96 % der abgegebenen gültigen Stimmen. Da jedoch nur knapp 40 % der Stimmberechtigten ihre Stimme abgegeben hatten, scheiterte der Volksentscheid an den hohen gesetzlichen Hürden, die eine Zustimmung von 50 % aller Stimmberechtigten erforderten, vgl. umfassend Schüren, Der Volksentscheid zur Fürstenenteignung 1926, 1978.

27 S. o. S. 13 f.

Vergangenheit

1 Meier, Das Gebot zu vergessen und die Unabweisbarkeit des Erinnerns, 2010.

2 Vgl. etwa Bergmann, Der Verfall des Eigentums, 2015, S. 17 ff.

3 § 197 Abs. 1 Nr. 2 BGB.

4 S. etwa Vogel, Nationen im Gleichschritt, 1997.

5 Näher dazu etwa Oettler, in: Marx (Hrsg.), Bilder nach dem Sturm, 2007, S. 36 ff.

6 Grindel, in: Bösch/Brill/Greiner (Hrsg.), Europabilder im 20. Jahrhundert, 2012, S. 96 (97), spricht von nationalen Schamkulturen, die an die Stelle der nationalen Stolzkulturen getreten seien. Bei dieser Kurzcharakterisierung wird allerdings der positiv gewendete Lerneffekt der Aufarbeitung ausgeblendet, der wiederum zu einer sehr eigenen Form der Stolzkultur führen kann – dann bezogen auf den Umgang mit dem vergangenen Unrecht.

7 Zu diesem Gedenktag s. etwa Schönberger, Der Staat 56 (2017), S. 441 ff.

8 Bundestags-Drucksache 18/8613 v. 31.5.2016.

9 Pollmer/Schneider, «Aus dem Ballhaus», Süddeutsche Zeitung v. 19.1.2017, S. 5.

10 Schneider, «Empörung über Gauland-Äußerung», Süddeutsche Zeitung v. 4.6.2018, S. 5.

11 Anderson, Imagined Communities, 1983.
12 Umfassend dazu Herman, Hashavat Avedah: A History of Jewish Cultural Reconstruction, Inc., 2008; Kurtz, Cardozo Law Review 20 (1998), S. 625 ff.
13 Kurtz, Cardozo Law Review 20 (1998), S. 625 (640).
14 Charles Kayoka, zitiert nach Bloch, «Wir wollen keine Almosen», Die Zeit v. 27.12.2018. Sarr/Savoy, Zurückgeben, 2019, S. 36, beschreiben ein Ringen der betroffenen Gemeinschaften darum, eine zusammenhängende Kette der Erinnerung wiederzufinden.
15 S. o. S. 13 f.
16 Zum Unterschied zwischen der juristischen und der historischen Frage vgl. C. Schönberger, «Wenn Prinzen träumen», FAZ v. 5.12.2019, S. 14.
17 Unveröffentlichtes Interview, zitiert nach Wettengel, in: ders. (Hrsg.), Das Gedächtnis der Kunst, 2000, S. 11 (12).

Objekte

1 Vgl. Schönberger, Was heilt Kunst?, 2019, S. 179.
2 Dabei soll der Unterschied zwischen visueller und materieller Wahrnehmung hier keineswegs verkannt werden, sondern lediglich die Unterscheidung zwischen als solchen wahrnehmbaren Objekten als Mittel der Wiedergutmachung und einer rein finanziellen Entschädigungskultur in den Mittelpunkt der Überlegungen gerückt werden.
3 S. dazu Schönberger, Was heilt Kunst?, 2019, S. 149 ff.
4 Vgl. Auslander, American Historical Review 110 (2005), S. 1015 (1019).
5 Auslander, American Historical Review 110 (2005), S. 1015 (1020).
6 Vgl. Roellecke, in: Mußgnug/Roellecke (Hrsg.), Aktuelle Fragen des Kulturgüterschutzes, S. 31 (41).
7 «Behind every looted piece lurks the Holocaust narrative», O'Donell, The European Journal of International Law 22 (2011), S. 49 (55).
8 Vgl. nur Häntzschel, «Passive Entsammlung», Süddeutsche Zeitung v. 9.7.2019, S. 9.
9 Vgl. dazu etwa Conrad/Randeria, in: dies. (Hrsg.), Jenseits des Eurozentrismus, 2002, S. 9 ff.
10 So für das Kunstwerk als besondere Form des materiellen Objekts Luhmann, Die Kunst der Gesellschaft, 1995, S. 124.
11 Vgl. etwa den Überblick bei Kaufhold, in: Schulz/Denzel (Hrsg.), Deutscher Adel im 19. und 20. Jahrhundert, 2004, S. 261 ff.; Schüren, Der Volksentscheid zur Fürstenenteignung 1926, 1978, S. 21 ff.
12 Zur Bedeutung gerade von Kulturgütern als Mittel staatlicher Selbstdarstellung vgl. Lenski, Öffentliches Kulturrecht, 2013, S. 67 ff.
13 Vgl. auch Antwort der Bundesregierung auf die Kleine Anfrage der Abgeordneten Simone Barrientos, Dr. Petra Sitte, Doris Achelwilm, weiterer Abgeordneter und der Fraktion DIE LINKE – Ansprüche der

Hohenzollern auf öffentliche Kulturgüter v. 30.8.2019, Bundestags-Drucksache 19/12 871, S. 5 f.

14 Vgl. dazu nur Luh, in: Biskup/Kohlrausch (Hrsg.), Das Erbe der Monarchie, 2008, S. 200 ff.

15 ‹https://www.instagram.com/theroyalfamily/›. Neben diesem gemeinsamen Account für die gesamte Königsfamilie existieren auch Accounts für den Kronprinzen und seine Frau (‹https://www.instagram.com/clarencehouse/›) sowie Prinz William, die Nr. 3 der Thronfolge, mit seiner Familie (‹https://www.instagram.com/kensingtonroyal›).

16 Vgl. auch Giloi, Monarchy, Myth and Material Culture in Germany 1750–1950, 2011, S. 1.

17 Einen jüngeren theoretischen Ansatz zu einer solchen Subjektivierung der Bilder, freilich ohne Bezug zur Frage der Restitution, liefert Bredekamp, Theorie des Bildakts, 2010. S. hierzu und zum Folgenden Schönberger, Was heilt Kunst?, 2019, S. 149 ff.

18 S. Savoy, in: Großmann/Krutisch/Klein (Hrsg.), The Challenge of the object, CIHA 2012, S. 1346 (1347). Eine popkulturelle Perpetuierung dieser Rhetorik erfolgte durch den im Jahr 2014 erschienenen Hollywood-Spielfilm «Monuments Men – Ungewöhnliche Helden», vgl. dazu «Kunstwerke sind die neuen Opfer», art-magazin online v. 10.2.2014, <http://www.art-magazin.de/szene/6944-rtkl-monuments-men-berlinale-kunstwerke-sind-die-neuen-opfer>.

19 Staatliche Museen zu Berlin (Hrsg.), Schätze der Weltkultur von der Sowjetunion gerettet, Ausstellungskatalog, Berlin 1958.

20 v. Paczensky/Ganslmayr, Nofretete will nach Hause. Europa – Schatzhaus der «Dritten Welt», 1984.

21 Henson, DePaul Law Review 51 (2002), S. 1103 ff.; Bazyler, University of Richmond Law Review 34 (2000), S. 1 (162, Fn. 659); Yonover, Journal of Law & Social Challenges 6 (2004), S. 81 ff.; O'Donnell, European Journal for International Law 22 (2011), S. 49 (50); Huyssen/Rabinbach/Shalem, New German Critique 44 (2017), S. 1 (2); Dellheim, in: Kirshenblatt-Gimblett/Karp (Hrsg.), The Art of Being Jewish in Modern Times, 2008, S. 319 (321).

22 Jayme, in: Koordinierungsstelle für Kulturgutverluste (Hrsg.), Museen im Zwielicht, 2002, S. 247 (250).

23 Vgl. zu diesem Aspekt kindlichen und erwachsenen Animismus etwa nur Boesch, Das Magische und das Schöne, 1983, S. 71 ff.

24 Wie tief diese dynastische Logik greift, kann an einem Beispiel in eigener Sache erläutert werden: Ursprünglich sollte in dieses Buch eine Abbildung der Karkassen der preußischen Königskrone und der Königinnenkrone aus dem Jahr 1701 aufgenommen werden, die Gegenstand der Verhandlungen zwischen Georg Friedrich Prinz von Preußen und der öffentlichen Hand sind. Die Kronen werden zurzeit im Schloss Charlottenburg ausgestellt, die Bildrechte an den dort gefer-

tigten Fotos werden von der Bildagentur nur mit Einverständnis des Eigentümers Georg Friedrich Prinz von Preußen vergeben. Tatsächlich war der Eigentümer bereit, eine entsprechende Genehmigung zu erteilen. Allerdings sollte der Bildnachweis folgenden Hinweis enthalten: «Eigentum Haus Hohenzollern, SKH Georg Friedrich Prinz von Preußen», wobei «SKH» für seine königliche/kaiserliche Hoheit steht. Unter diesen Umständen wurde von einer Abbildung abgesehen.

25 Zum semantischen Übergang vom Opfer zum Überlebenden vgl. etwa nur Goschler, in: Heydemann/Vollnhals (Hrsg.), Nach den Diktaturen, 2016, S. 27 ff.

26 So etwa in der Selbstdarstellung auf der eigenen Internetseite auf <www.preussen.de>.

27 Vgl. Sarr/Savoy, Zurückgeben, 2019, S. 74, unter Verweis auf Mbembe, «À propos de la restitution des artefacts africains conservés dans les musées d'Occident», online verfügbar unter <https://aoc.media/analyse/2018/10/05/a-propos-de-restitution-artefacts-africains-conserves-musees-doccident>.

28 S. dazu auch Schönberger, Was heilt Kunst?, 2019, S. 55 ff.

29 Zitiert nach Häntzschel, «Neue Kultur des Teilens», Süddeutsche Zeitung v. 23.5.2018, S. 11.

30 S. zum Ganzen etwa Meinhof, «Hängt sie auf», Süddeutsche Zeitung v. 15.6.2019, S. 11 ff.

Geschichtsfabriken

1 Demand, Merkur 67 (2013), S. 267 (267).

2 Bennett, The birth of the museum, 1995, S. 80.

3 Vgl. dazu insgesamt Grasskamp, Museumsgründer und Museumsstürmer, 1981.

4 Bennett, The birth of the museum, 1995, S. 89. Allerdings spricht Bennett hier nicht von staatsbürgerlicher Erziehung, sondern von «democratic education», obwohl diese Funktion auch in nicht-demokratischen Gemeinwesen vom Museum erfüllt werden kann.

5 Zur Debatte um die beiden Häuser vgl. aus zeitgenössischer Sicht etwa nur Kocka, Geschichte und Gesellschaft 1985, S. 59 ff.

6 Vgl. dazu auch Lenski, Öffentliches Kulturrecht, 2013, S. 49 ff.

7 Als erstes Museum in Europa verfolgte das 2006 neu gegründete «Musée du Quai Branly» in Paris eine Ausstellungsstrategie, im Rahmen derer es die nicht-westlichen Exponate ausdrücklich im Hinblick auf ihren ästhetischen Wert ausstellte, vgl. etwa nur Shelton, Museum Anthropology 32 (2009), S. 1 ff.

8 Sarr/Savoy, Zurückgeben, 2019, S. 80.

9 Ein besonders eindrucksvolles Beispiel für diesen Prozess ist das AfricaMuseum im belgischen Tervuren. Das königliche Museum, das

institutionell eng mit der Geschichte der belgischen Kolonialisierung des Kongo verbunden ist, hatte bis zum Jahr 2013 die im Wesentlichen unveränderte Dauerausstellung aus dem Jahr 1957 gezeigt – also eine Ausstellung, die noch in der Zeit der Kolonialisierung konzipiert worden war. Nach fünfjährigen Umbau- und Neukonzeptionsarbeiten feierte es Ende 2018 seine Wiedereröffnung mit dem Anspruch, das ganze Museum nun kritisch auf sein Verhältnis zum Kolonialismus zu befragen. Dabei wurde auch das geänderte Konzept allerdings überaus kritisch diskutiert, vgl. nur Häntzschel, «Für immer gestern», Süddeutsche Zeitung v. 8./9.12.2018, S. 19.

10 Demand, Merkur 67 (2013), S. 267 ff.

11 S. hierzu und zum Folgenden Schönberger, Merkur 74 (2020), S. 47 ff.

12 Capdevila-Werning, in: v. Ammon/Froschauer/Gill/Petrow/Netzwerk Architekturwissenschaft (Hrsg.), z. B. Humboldt-Box, 2014, S. 25 ff.

13 Vgl. nur den Überblick bei Morat, Zeithistorische Forschungen 2019, S. 140 ff.

14 Vgl. die Internetseite <www.hohenzollern.lol>.

15 § 1 des Gesetzes, betreffend die Rechtsverhältnisse der deutschen Schutzgebiete, Reichsgesetzblatt 1886, Nr. 10, S. 75.

16 Vgl. etwa nur die aktuelle Fallstudie von Habermas, Skandal in Togo, 2016.

17 <https://www.bundesregierung.de/breg-de/bundesregierung/staatsministerin-fuer-kultur-und-medien/kultur/humboldt-forum>.

18 Antwort der Bundesregierung auf die Kleine Anfrage der Abgeordneten Simone Barrientos, Dr. Petra Sitte, Doris Achelwilm, weiterer Abgeordneter und der Fraktion DIE LINKE – Ansprüche der Hohenzollern auf öffentliche Kulturgüter v. 30.8.2019, Bundestags-Drucksache 19/12 871, S. 5 f.

19 Metzner, «Hohenzollern erheben Ansprüche auf tausende bedeutende Kunstwerke», <https://www.tagesspiegel.de/berlin/streng-geheime-verhandlungen-hohenzollern-erheben-ansprueche-auf-tausende-bedeutende-kunstwerke/24587204.html>, letzter Aufruf am 23.9.2020.

20 Antrag der Landesregierung, Restitutionsangelegenheit Sachsen-Weimar-Eisenach, Landtags-Drucksache 3/3387 v. 13.6.2003.

21 Zweites Gesetz zur Änderung des Thüringer Gesetzes über die Errichtung der Stiftung Weimarer Klassik und Kunstsammlungen vom 10.2.2004, Thüringer Gesetz- und Verordnungsblatt 2004, S. 106.

22 Es ist wiederum hoch ironisch, dass die Regelung im Jahr 2018, nun unter einer rot-rot-grünen Regierungsmehrheit in Thüringen, noch einmal angepasst wurde – allerdings nicht, um die monarchischen Relikte aus dem Gesetz zu entfernen, sondern um eine «rechtliche Richtigstellung» vorzunehmen, da nach den «Hausgesetzen» des «Hauses Sachsen Weimar Eisenach» nur ein männliches Familienmitglied das «Haus» vertreten kann, Berechtigte aus dem Vergleichsvertrag aber

(aufgrund der Regelungen des bürgerlichen Erbrechts) Leonie Prinzessin von Sachsen Weimar Eisenach ist: Gesetzentwurf der Landesregierung, Thüringer Gesetz zur Neustrukturierung der Familienförderung und zu Änderungen bei Stiftungen, Landtags-Drucksache 6/6150 v. 14.9.2018, S. 5. Mitglied des Stiftungsrats ist die «Alleinerbin des Erbgroßherzogs Carl August von Sachsen-Weimar und Eisenach» oder ein von ihr entsandter Vertreter bzw. der jeweilige Rechtsnachfolger. Carl August von Sachsen-Weimar und Eisenach, auf dessen Rechtsnachfolge hier abgestellt wird, wurde 1912 geboren und war bis zu seinem sechsten Lebensjahr Erbgroßherzog. Mit dem Ende der Monarchie verlor er diesen Titel, der auch nicht Teil seines bürgerlichen Namens wurde. Bemerkenswert ist daher nicht nur, dass der Titel von einer linken Regierung in das Gesetz aufgenommen wurde, sondern auch, dass er überhaupt in dem Gesetz genannt wird, statt seine als Alleinerbin umschriebene Enkelin einfach beim Namen zu nennen.

23 Zur Sakralität der Museen vgl. etwa nur Gephart, Bilder der Moderne, 1998, S. 51 ff. Vgl. hierzu und zum Folgenden Schönberger, Was heilt Kunst?, 2019, S. 167 ff.

24 Vgl. dazu schon Berger, Sehen, 1974, S. 7 ff.

25 So Palmer, Museums and the Holocaust, 2000, S. 174; ihm zustimmend Jayme, in: Koordinierungsstelle für Kulturgutverluste (Hrsg.), Museen im Zwielicht, 2002, S. 247 (250).

26 Heuberger, in: Koordinierungsstelle für Kulturgutverluste Magdeburg (Hrsg.), Verantwortung wahrnehmen, 2009, S. 413 (420).

27 Schnabel/Tatzkow, Nazi Looted Art, S. 460; Anton, Illegaler Kulturgüterverkehr, S. 470.

28 Näher dazu Schönberger, Was heilt Kunst?, 2019, S. 115 ff.

29 Näher dazu Schönberger, Was heilt Kunst?, 2019, S. 186 ff.

30 Deutscher Museumsbund, Leitfaden – Umgang mit Sammlungsgut aus kolonialen Kontexten, 2. Fassung 2019, abrufbar unter <https://www.museumsbund.de/publikationen/leitfaden-zum-umgang-mit-sammlungsgut-aus-kolonialen-kontexten/>.

31 So hatte das Verwaltungsgericht Cottbus etwa über einen Fall zu entscheiden, in dem das Vorschubleisten zugunsten des Nationalsozialismus unter anderem darin gesehen wurde, dass der Wahlaufruf des ehemaligen Kronprinzen für Adolf Hitler in einer Zeitung abgedruckt wurde, s. VG Cottbus, Urteil vom 23.4.2020, Aktenzeichen 1 K 1763/15.

32 Antwort der Bundesregierung auf die Kleine Anfrage der Abgeordneten Erhard Grundl, Dr. Kirsten Kappert-Gonther, Margit Stumpp, weiterer Abgeordneter und der Fraktion BÜNDNIS 90/DIE GRÜNEN, Verhandlungen über Ausgleichsleistungen mit den Hohenzollern, Bundestags-Drucksache 19/23145, S. 8.

33 So in einem Beitrag der CNN, abrufbar unter <https://edition.cnn.com/style/article/hohenzollern-prince-georg-prussia/index.html>.

34 Vgl. auch Schlotheuber/Conze, «Die Ehre der Familie», Frankfurter Allgemeine Zeitung v. 9.9.2020, S. 9.

Gerechtigkeit?

1 Elie Wiesel, Opening Statements zur Washington Conference on Holocaust-Era Assets, abrufbar unter <http://www.lootedart.com/web_images/pdf2014/Chapter%201%20Opening%20Statements.pdf>; eigene Übersetzung aus dem Englischen.
2 Vgl. etwa nur für das Beispiel von David Toren: Schönberger, Was heilt Kunst?, 2019, S. 152 f.
3 Vgl. dazu nur die Beiträge in Stoecker/Schnalke/Winckelmann (Hrsg.), Sammeln, Erforschen, Zurückgeben?, 2013.
4 S. o. S. 88.
5 S. o. S. 16 f. Vgl. aber auch Parzinger, «Wem gehört die Kunst der Kolonialzeit?», Frankfurter Allgemeine Zeitung v. 25.1.2018, S. 9.
6 Das mag vor allen Dingen auch daran liegen, dass hier gerade nicht nur um eine wie auch immer geartete Form der Wiedergutmachung gestritten wird, sondern auch andere Belange in den Verhandlungen mitbehandelt werden, insbesondere der Umgang mit verschiedenen Leihgaben von Georg Friedrich Prinz von Preußen an öffentliche Museen. Die Drohung, diese Leihgaben könnten zurückgezogen werden, wenn es zu keinem zufriedenstellenden Verhandlungsergebnis über die anderen Sachverhalte kommt, wurde zuletzt vom Verhandlungsführer Georg Friedrichs relativ unverhohlen geäußert, <https://www.blog-der-republik.de/das-erbe-der-hohenzollern-eine-frage-des-recht-nichts-daemonisches/>.
7 Vgl. exemplarisch nur AfricAvenir International (Hrsg.), No Humboldt 21!, 2017.
8 S. o. S. 21 f.
9 So etwa zuletzt ausführlich in Bundestags-Drucksache 19/23 145.
10 Neben der Frage, mit wem der Dialog geführt wird, spielen auch die konkreten Verfahrensregeln bei solchen Gesprächen eine wichtige Rolle. Anschaulich wird dies an einem Beispiel der Restitution von NS-Raubkunst aus dem Jahr 2016. Die Erben Alfred Flechtheims, eines jüdischen Kunsthändlers, der aufgrund der nationalsozialistischen Verfolgung im Jahr 1933 aus Deutschland floh, forderten von der Stiftung Kunstsammlung Nordrhein-Westfalen ein Gemälde des Künstlers Juan Gris zurück. Zunächst riefen beide Seiten die Limbach-Kommission als Streitschlichtungsinstanz an. Nach der abschließenden mündlichen Verhandlung erklärten die Erben jedoch, dass sie sich aus dem Verfahren zurückzögen. Der Grund für diesen Schritt lag in der Anhörung selbst: Zu Beginn der Sitzung wurden die Beteiligten darauf hingewiesen, dass die Vorsitzende der Kommission krankheitsbe-

dingt an dem Termin nicht teilnehmen könne. Ein weiteres Mitglied musste die Sitzung vor Ende der Beratungen frühzeitig verlassen, ein dritter der seinerzeit sieben Kommissionsangehörigen war ebenfalls bei der gesamten Anhörung abwesend. Zudem erhoben die Anspruchsteller den Vorwurf, dass ihre nach der Anhörung eingereichte Stellungnahme für die in der Anhörung abwesenden Kommissionsmitglieder nicht weitergeleitet worden sei. Die Kommission selbst wies hingegen alle Vorwürfe zurück und betonte, dass sie als unabhängige Stelle auch in ihrem Verfahren unabhängig sei. Ginge man davon aus, dass im Dialog die Verfahrensbedingungen universell konsentiert sind, würde man zentrale Unterschiede im Hintergrund und der Perspektive der Beteiligten ausblenden. Will man die Regeln für das Verfahren hingegen verbindlich festlegen, so folgt daraus automatisch eine Formalisierung.

11 Ein anschauliches Beispiel findet sich etwa bei Schönberger, Was heilt Kunst?, S. 55 f.

12 So eine häufige Wendung von Kulturstaatsministerin Monika Grütters in Bezug auf die Restitution von NS-Raubkunst, vgl. etwa nur Pressemitteilung 3 des Presse- und Informationsamts der Bundesregierung v. 8.1.2018, abrufbar unter <https://www.bundesregierung.de/breg-de/aktuelles/erste-juniorprofessur-fuer-provenienzforschung-an-der-universitaet-hamburg-gruetters-weitere-staerkung-der-provenienzforschung-in-deutschland-757176>.

13 Für die Restitution kolonialer Objekte hat etwa jüngst die von der niederländischen Regierung eingesetzte Expertenkommission betont, dass der erste Schritt bei der Erarbeitung einer Politik zum Umgang mit kolonialen Beständen derjenige sein muss, das Unrecht anzuerkennen, das an der lokalen Bevölkerung begangen wurde, s. «Summary of report Advisory Committee on the National Policy Framework for Colonial Collections» v. 7.10.2020, S. 2, abrufbar unter <https://www.raadvoorcultuur.nl/binaries/raadvoorcultuur/documenten/adviezen/2020/10/07/summary-of-report-advisory-committee-on-the-national-policy-framework-for-colonial-collections/Summary+of+report+Advisory+Committee+on+the+National+Policy+Framework+for+Colonial+Collections.pdf>.

14 Umfassend dazu Schönberger, Was heilt Kunst?, 2017, S. 167 ff.

15 S. o. S. 109.

16 Tatzkow, in: Müller/Tatzkow (Hrsg.), Verlorene Bilder, verlorene Leben, 2009, S. 114 ff.

17 <https://museum-wiesbaden.de/wende>.

18 Vgl. dazu Forster, Provenienz & Forschung 2017, S. 26 ff.

Vergangenheit, Gegenwart, Zukunft

1 Wittram, Das Interesse an der Geschichte, 3. Aufl., 1968, S. 15 f.

Literaturverzeichnis

AfricAvenir International e. V. (Hrsg.), No Humboldt 21! Dekoloniale Einwände gegen das Humboldt-Forum, Berlin 2017.

Anderson, Benedict, Imagined Communities, London 1983.

Anton, Michael, Illegaler Kulturgüterverkehr, Berlin 2010.

Auslander, Leora, Beyond Words, American Historical Review 110 (2005), S. 1015–1045.

Bachmann-Mehdick, Doris, Cultural turns. Neuorientierungen in den Kulturwissenschaften, 6. Aufl., Reinbek bei Hamburg 2018.

Bauman, Zygmunt, Retrotopia, Frankfurt a. M. 2017.

Bazyler, Michael J., Nuremberg in America: Litigating the Holocaust in United States Courts, University of Richmond Law Review 34 (2000), S. 1–283.

Bennett, Tony, The birth of the museum, London 1995.

Berger, John, Sehen. Das Bild der Welt in der Bilderwelt, Reinbek bei Hamburg 1974.

Bergmann, Andreas, Der Verfall des Eigentums. Ersitzung und Verjährung der Vindikation am Beispiel von Raubkunst und Entarteter Kunst (Der Fall Gurlitt), Tübingen 2015.

Biella, Friedrich, Die Entstehung des Bundesrückerstattungsgesetzes, in: ders. (Hrsg.), Das Bundesrückerstattungsgesetz, München 1981, S. 73–122.

Bloch, Werner, «Wir wollen keine Almosen», Die Zeit v. 27.12.2018.

Boesch, Ernst, Das Magische und das Schöne. Zur Symbolik von Objekten und Handlungen, Stuttgart 1983.

Boisragon, Alan, The Benin Massacre, 1897.

Boyme, Svetlana, The Future of Nostalgia, New York 2001.

Bredekamp, Horst, Theorie des Bildakts, Berlin 2010.

Capdevila-Werning, Remei, Architektur im Konjunktiv, in: v. Ammon, Sabine/Froschauer, Eva Maria/Gill, Julia/Petrow, Constanze A./Netzwerk Architekturwissenschaft (Hrsg.), z. B. Humboldt-Box. Zwanzig architekturwissenschaftliche Essays über ein Berliner Provisorium, Bielefeld 2014, S. 24–31.

Chamberlain, Muriel E., Longman Companion to European Decolonisation in the Twentieth Century, London 1998.

Conrad, Sebastian/Randeria, Shalini, Geteilte Geschichten. Europa in einer postkolonialen Welt, in: dies. (Hrsg.), Jenseits des Eurozentrismus. Postkoloniale Perspektiven in den Geschichts- und Kulturwissenschaften, Frankfurt a. M.2002, S. 9–49.

Dellheim, Charles, Framing Nazi Art Loot, in: Kirshenblatt-Gimblett, Bar-

bara/Karp, Jonathan (Hrsg.), The Art of Being Jewish in Modern Times, Philadelphia 2008, S. 319–334.

Demand, Christian, Die Wir-Maschine. Museum und Erbengemeinschaft, Merkur 67 (2013), S. 967–979.

Eizenstat, Stuart, Unvollkommene Gerechtigkeit. Der Streit um die Entschädigung der Opfer von Zwangsarbeit und Enteignung, München 2003.

Etzel, Matthias, Die Aufhebung von nationalsozialistischen Gesetzen durch den Alliierten Kontrollrat (1945–1948), Tübingen 1992.

Faulkner, William, Requiem für eine Nonne, Stuttgart 1956.

Feliciano, Hector, The Lost Museum. The Nazi Conspiracy To Steal The World's Greatest Works Of Art, New York 1997.

Fleischhauer, Jan, «Warum afrikanische Kunst in Europa am besten aufgehoben ist», Spiegel online v. 10.01.2019, <https://www.spiegel.de/politik/ausland/raubkunst-museen-koennen-fremde-kunst-und-kultur-bewahren-kolumne-a-1247390.html>.

Forster, Peter, «Wiesbaden schafft die Wende!» Eine Stadt bezieht Position, Provenienz & Forschung 2017, S. 26–29.

Frey, Marc, A Revolutionary Process? Decolonization and International Law, in: Frei, Norbert/Weinke, Anette (Hrsg.), Toward a New Moral World Order. Menschenrechtspolitik und Völkerrecht seit 1945, Göttingen 2013, S. 94–105.

Gärditz, Klaus Ferdinand, Die Rolle der Verwaltungsgerichtsbarkeit in geschichtspolitischen Auseinandersetzungen – Der Fall «Hohenzollern», Jahrbuch des öffentlichen Rechts der Gegenwart 69 (2021), i. E.

Gephart, Werner, Bilder der Moderne. Studien zu einer Soziologie der Kunst- und Kulturinhalte, Opladen 1998.

Giloi, Eva, Monarchy, Myth and Material Culture in Germany 1750–1950, Cambridge 2011.

Goschler, Constantin, Der Umgang mit den Opfern des Nationalsozialismus in Deutschland nach 1945, in: Heydemann, Günther/Vollnhals, Clemens (Hrsg.), Nach den Diktaturen. Der Umgang mit den Opfern in Europa, Göttingen 2016, S. 27–45.

Goschler, Constantin, Wiedergutmachung. Westdeutschland und die Verfolgten des Nationalsozialismus (1945–1954), München 1992.

Grasskamp, Walter, Museumsgründer und Museumsstürmer. Zur Sozialgeschichte des Kunstmuseums, München 1981.

Grindel, Susanne, Kolonialvergangenheit und europäische Selbstbeschreibung. Erinnerungsdebatten, Bildungspolitik und Schulbücher in Frankreich im Vergleich, in: Bösch, Frank/Brill, Ariane/Greiner, Florian (Hrsg.), Europabilder im 20. Jahrhundert, Göttingen 2012, S. 96–116.

Habermas, Rebekka, Benin Bronzen im Kaiserreich – oder warum koloniale Objekte so viel Ärger machen, Historische Anthropologie 27 (2017), S. 327–352.

Habermas, Rebekka, Skandal in Togo, Göttingen 2016.
Häntzschel, Jörg, «Passive Entsammlung», Süddeutsche Zeitung v. 9.7. 2019, S. 9.
Häntzschel, Jörg, «Für immer gestern», Süddeutsche Zeitung v. 8./9.12. 2018, S. 19.
Häntzschel, Jörg, «Neue Kultur des Teilens», Süddeutsche Zeitung v. 23.5. 2018, S. 11.
Henson, Emily J., The Last Prisoners of War: Returning World War II Art to Its Rightful Owners – Can Moral Obligations Be Translated into Legal Duties?, DePaul Law Review 51 (2002), S. 1103–1158.
Herman, Dana, Hashavat Avedah: A History of Jewish Cultural Reconstruction, Inc., Dissertation, McGill University Montreal, 2008.
Heuberger, Georg, Was sind faire und gerechte Lösungen im Umgang mit Raubkunst?, in: Koordinierungsstelle für Kulturgutverluste Magdeburg (Hrsg.), Verantwortung wahrnehmen. NS-Raubkunst – Eine Herausforderung an Museen, Bibliotheken und Archive, Magdeburg 2009, S. 413–423.
Huyssen, Andreas/Rabinbach, Anson/Shalem, Avinoam, Nazi-Looted Art and Its Legacies: Introduction, New German Critique 44 (2017), S. 1–7.
Jayme, Erik, Die Washingtoner Erklärung über Nazi-Enteignungen von Kunstwerken der Holocaustopfer: Narrative Normen im Kunstrecht, in: Koordinierungsstelle für Kulturgutverluste (Hrsg.), Museen im Zwielicht: Ankaufspolitik 1933–1945, Magdeburg 2002, S. 247–258.
Kämmerer, Jörn Axel, Das Völkerrecht des Kolonialismus: Genese, Bedeutung und Nachwirkungen, Verfassung und Recht in Übersee 39 (2006), S. 397–424.
Kaufhold, Karl Heinrich, Fürstenabfindung oder Fürstenenteignung? Der Kampf um das Hausvermögen der ehemaligen regierenden Fürstenhäuser im Jahre 1926 und die Innenpolitik der Weimarer Republik, in: Schulz, Günther/Denzel, Markus A. (Hrsg.), Deutscher Adel im 19. und 20. Jahrhundert, St. Katharinen 2004, S. 261–285.
Knell, Martin, National Galleries. The Art of Making Nations, London 2016.
Kocka, Jürgen, Die deutsche Geschichte soll ins Museum, Geschichte und Gesellschaft 11 (1985), S. 59–66.
Kohl, Karl-Heinz, «So schnell restituieren die Preußen nicht», Frankfurter Allgemeine Zeitung v. 17.5.2018, S. 11.
Kurtz, Michael J., Resolving a Dilemma. The inheritance of Jewish Property, Cardozo Law Review 20 (1998), S. 625–655.
Lenski, Sophie, Öffentliches Kulturrecht, Tübingen 2013.
Lillteicher, Jürgen, Raub, Recht und Restitution, 2. Aufl., Göttingen 2007.
Lübbe, Hermann, Der Fortschritt von gestern. Über Musealisierung als Modernisierung, in: Borsdorf, Ulrich/Grütter, Heinrich Theodor/Rüsen,

Jörn (Hrsg.), Die Aneignung der Vergangenheit. Musealisierung und Geschichte, Bielefeld 2004, S. 13–38.

Luh, Jürgen, Eine Erbschaft der Monarchie: Das Hohenzollern-Museum, in: Biskup, Thomas/Kohlrausch, Martin (Hrsg.), Das Erbe der Monarchie, Göttingen 2008, S. 200–216.

Luhmann, Niklas, Die Kunst der Gesellschaft, Frankfurt a. M. 1995.

Lundén, Staffan, Displaying Loot. The Benin Objects and the British Museum, Göteborg 2016.

Mbembe, Achille, «À propos de la restitution des artefacts africains conservés dans les musées d'Occident», online verfügbar unter <https://aoc.media/analyse/2018/10/05/a-propos-de-restitution-artefacts-africains-conserves-musees-doccident>.

Meier, Christian, Das Gebot zu vergessen und die Unabweisbarkeit des Erinnerns. Vom öffentlichen Umgang mit schlimmer Vergangenheit, München 2010.

Meinhof, Renate, «Hängt sie auf», Süddeutsche Zeitung v. 15.6.2019, S. 11–13.

Metzner, Thorsten, «Hohenzollern erheben Ansprüche auf tausende bedeutende Kunstwerke», <https://www.tagesspiegel.de/berlin/streng-geheime-verhandlungen-hohenzollern-erheben-anspruechen-auf-tausende-bedeutende-kunstwerke/24587204.html>, letzter Aufruf am 23.9.2020.

Morat, Daniel, Katalysator wider Willen. Das Humboldt Forum in Berlin und die deutsche Kolonialvergangenheit, Zeithistorische Forschungen 2019, S. 140–153.

Nicholas, Lynn H., The Rape of Europa. The Fate of Europe's Treasures in the Third Reich and the Second World War, New York 1994.

O'Donnell, Thérèse, The Restitution of Holocaust Looted Art and Transitional Justice: The Perfect Storm or the Raft of the Medusa?, The European Journal of International Law 22 (2011), S. 49–80.

Odendahl, Kerstin, Kulturgüterschutz, Tübingen 2005.

Oettler, Anika, Einmal «nunca más!» und nie wieder? Die Dynamik der historischen Aufklärung in Argentinien und Guatemala, in: Marx, Christoph (Hrsg.), Bilder nach dem Sturm, Münster 2007, S. 36–73.

Palmer, Norman, Museums and the Holocaust: Law, Principles and Practice, London 2000.

Parzinger, Hermann, «Wem gehört die Kunst der Kolonialzeit?», Frankfurter Allgemeine Zeitung v. 25.1.2018, S. 9.

Pollmer, Cornelius/Schneider, Jens, «Aus dem Ballhaus», Süddeutsche Zeitung v. 19.1.2017, S. 5.

Reichel, Peter/Schmid, Harald/Steinbach, Peter (Hrsg.), Der Nationalsozialismus – die zweite Geschichte. Überwindung, Deutung, Erinnerung, München 2009.

Renz, Werner, Auschwitz vor Gericht, Hamburg 2018.

Rietzschel, Antonie/Schneider, Jens, «Der Faktor Ost-Wut», Süddeutsche Zeitung v. 6.8.2019, S. 5.

Roellecke, Gerd, Warum schützen wir Kulturgüter?, in: Mußgnug, Reinhard/Roellecke, Gerd (Hrsg.), Aktuelle Fragen des Kulturgüterschutzes. Beiträge zur Reform des deutschen Kulturgutschutzgesetzes 1955 und seiner Angleichung an den europäischen Kulturgüterschutz, Heidelberg 1998, S. 31–50.

Rosenau, Henning, Tödliche Schüsse im staatlichen Auftrag, 2. Aufl., Baden-Baden 1998.

Sarr, Felwine/Savoy, Bénédicte, Zurückgeben. Über die Restitution afrikanischer Kulturgüter, Berlin 2019.

Savoy, Bénédicte, Restitution, in: Großmann, Ulrich/Krutisch, Petra/Klein, Almuth (Hrsg.), The Challenge of the object, CIHA 2012, Germanisches Nationalmuseum, Nürnberg 2014, S. 1346–1350.

Schlotheuber, Eva/Conze, Eckart, «Die Ehre der Familie», Frankfurter Allgemeine Zeitung v. 9.9.2020, S. 9.

Schmokel, Wolfe W., Der Traum vom Reich. Der deutsche Kolonialismus zwischen 1919 und 1945, Gütersloh 1967.

Schnabel, Gunnar/Tatzkow, Monika, Nazi Looted Art – Handbuch Kunstrestitution weltweit, Berlin 2007.

Schneider, Jens, «Empörung über Gauland-Äußerung», Süddeutsche Zeitung v. 4.6.2018, S. 5.

Schönberger, Christoph, «Wenn Prinzen träumen», Frankfurter Allgemeine Zeitung v. 5.12.2019, S. 14.

Schönberger, Sophie, Der Plenarsaal als Ort des Gedenkens – Parlamentarische Rituale im Deutschen Bundestag, Der Staat 56 (2017), S. 441–472.

Schönberger, Sophie, Das Humboldt Forum als Testfall der Bundeskulturpolitik. Rechtskolumne, Merkur 74 (2020), S. 47–54.

Schönberger, Sophie, Was heilt Kunst?, Göttingen 2019.

Schüren, Ulrich, Der Volksentscheid zur Fürstenenteignung 1926. Die Vermögensauseinandersetzung mit den depossedierten Landesherren als Problem der deutschen Innenpolitik unter besonderer Berücksichtigung der Verhältnisse in Preußen, Düsseldorf 1978.

Schwarz, Walter, Zur Einführung: Das Recht der Wiedergutmachung und seine Geschichte, Juristische Schulung 1986, S. 433–440.

Schwill, Florian, Zur Anwendung der Radbruchschen Formel in der Rechtsprechung des Bundesverfassungsgerichts, Kritische Vierteljahresschrift für Gesetzgebung und Rechtswissenschaft 85 (2002), S. 79–97.

Shelton, Anthony Alan, The Public Sphere as Wilderness: Le Musée du quai Branly, Museum Anthropology 32 (2009), S. 1–16.

Siehr, Kurt, International Art Trade and the Law, Collected Courses of the Hague Academy of International Law 243 (1993-VI), S. 9–292.

Staatliche Museen zu Berlin (Hrsg.), Schätze der Weltkultur von der Sowjetunion gerettet, Ausstellungskatalog, Berlin 1958.

Stoecker, Holger/Schnalke, Thomas/Winkelmann, Andreas (Hrsg.), Sammeln, Erforschen, Zurückgeben? Menschliche Gebeine aus der Kolonialzeit in akademischen und musealen Sammlungen, Berlin 2013.

Surmann, Jan, Shoah-Erinnerung und Restitution. Die US-Geschichtspolitik am Ende des 20. Jahrhunderts, Stuttgart 2012.

Tatzkow, Monika, Max Silberberg (1878–1945), in: Müller, Melissa/Tatzkow, Monika (Hrsg.), Verlorene Bilder. Verlorene Leben. Jüdische Sammler und was aus ihren Kunstwerken wurde, München 2008, S. 114–129.

v. Arentin, Cajetan, Vom Umgang mit gestürzten Häuptern. Zur Zuordnung der Kunstsammlungen in deutschen Fürstenabfindungen 1918–1924, in: Biskup, Thomas/Kohlrausch, Martin (Hrsg.), Das Erbe der Monarchie, Frankfurt a. M. 2006, S. 161–183.

v. Paczensky, Gert/Ganslmayr, Herbert, Nofretete will nach Hause. Europa – Schatzhaus der «Dritten Welt», München 1984.

Veyne, Paul, Geschichtsschreibung – Und was sie nicht ist, Frankfurt a. M. 1990.

Vogel, Jakob, Nationen im Gleichschritt. Der Kult der «Nation in Waffen» in Deutschland und Frankreich, 1871–1914, Göttingen 1997.

Wettengel, Kurt, Das Gedächtnis der Kunst, in: ders. (Hrsg.), Das Gedächtnis der Kunst: Geschichte und Erinnerung in der Kunst der Gegenwart, Ostfildern 2000, S. 11–18.

Wiegrefe, Klaus, «Scharf aufs Silber», Der Spiegel 48/2020, S. 48 f.

Wittram, Reinhard, Das Interesse an der Geschichte, 3. Aufl., Göttingen 1968.

Wogersien, Maik, Die Rückerstattung von ungerechtfertigt entzogenen Vermögensgegenständen. Eine Quellenstudie zur Wiedergutmachung nationalsozialistischen Unrechts aufgrund des Gesetzes Nr. 59 der britischen Militärregierung, Dissertation, Universität Münster, 2000.

Yonover, Geri J., The «Last Prisoners of War»: Unrestituted Nazi-Looted Art, Journal of Law & Social Challenges 6 (2004), S. 81–95.

Bildnachweis

S. 10: Mit freundlicher Genehmigung der Familie Bondi; S. 11: akg-images/Album; S. 12: akg-images/Erich Lessing; S. 14: akg-images; S. 19: Bildvorlage DHM (Die Säule wurde 2019 an Namibia zurückgegeben.); S. 20: epd-Bild; S. 21: Koloniales Bildarchiv in Frankfurt a. Main; S. 25: Bundesarchiv, Bild 102–14 437/Georg Pahl; S. 27: ullstein bild – Zentralbild/Peter Heinz Junge; S. 28: akg-images/Erich Lessing; S. 43: bpk/David von Becker; S. 44. The National Archives, Richmond, Surrey; S. 46: Alamy; S. 62: Wikipedia commons/Stadtarchiv Frankfurt/Friedrich Lauffer; S. 64: © Deutscher Bundestag/Lichtblick/Achim Melde (Bilddatenbank Bundestag, Bildnummer 2979203); S. 83: bpk/Deutsches Historisches Museum; S. 91: bpk/Nationalgalerie, SMB, Eigentum des Landes Berlin/Jörg P. Anders/© Nolde Stiftung Seebüll; S. 99: Bundesarchiv, Bild 183–1986–0424–304/Peter Heinz Junge; S. 100: akg-images/C. Schlegelmilch; S. 103: ullstein bild – Marx; S. 121: Wikimedie Commons; S. 129: picture alliance/dpa/Fredrik Van Erichsen; S. 130: ullstein bild – Fotographisches Atelier Ullstein

Personenregister